Les trucs mathématiques au primaire

Et si on leur donnait du sens!

Adolphe Adihou
Patricia Marchand

Avec la collaboration de :

Caroline Bisson
Karine Caouette

et la contribution de :

Sylvain Archambault
Marie-Josée Corbeil
Danielle Crispin
Annie Desloges
Bonny Dufour
France Poulin
Karine Pellerin
Nadia St-Germain
Caroline Soucy

Les trucs mathématiques au primaire : et si on leur donnait du sens!
Adolphe Adihou et Patricia Marchand

© 2019 Les Éditions JFD inc.

Catalogage avant publication de Bibliothèque et Archives nationales du Québec et Bibliothèque et Archives Canada

Les trucs mathématiques au primaire : et si on leur donnait du sens!

Adolphe Adihou et Patricia Marchand

ISBN 978-2-924651-75-9

1. Mathématiques – Étude et enseignement (Primaire).

QA135.6.A34 2018   372.7'044   C2018-941312-3

Les Éditions JFD inc.
CP 15 Succ. Rosemont
Montréal (Québec)
H1X 3B6
Téléphone : 514-999-4483
Courriel : info@editionsjfd.com
www.editionsjfd.com

Tous droits réservés.
Toute reproduction, en tout ou en partie, sous quelque forme et par quelque procédé que ce soit, est strictement interdite sans l'autorisation écrite préalable de l'éditeur.

ISBN : 978-2-924651-75-9
Dépôt légal : 1er trimestre 2019
Bibliothèque et Archives nationales du Québec
Bibliothèque et Archives Canada

Illustrations (couverture et intérieur) : Léonie Lajeunesse

Imprimé au Québec, Canada

Table des matières

Remerciements 5

Introduction 7

Partie 1 : Arithmétique

Truc 1
Égal veut dire « ça donne » 17

    1.1 Quelques repères mathématiques et didactiques 18

    1.2 Activité : Questions d'égalité (faire autrement) 19

Truc 2
Pour trouver un terme manquant, on fait l'opération inverse 25

    2.1 Quelques repères mathématiques et didactiques 26

    2.2 Activité : Équation vraie ou fausse (faire autrement) 28

    2.3 Activité : Les égalités en équilibre (faire autrement) 34

Truc 3
Pour soustraire un nombre plus petit d'un plus gros, on les inverse 39

    3.1 Quelques repères mathématiques et didactiques 40

    3.2 Activité : 7 – 9 ça ne se peut pas? (faire autrement) 41

Truc 4
Ajout d'un zéro lors d'une multiplication d'un nombre naturel par 10 47

    4.1 Quelques repères mathématiques et didactiques 48

    4.2 Activité : La multiplication des macaronis (à la recherche de régularités) 49

Truc 5
Mettre un 0 à la 2e ligne lorsque tu multiplies deux nombres à deux chiffres 53

    5.1 Quelques repères mathématiques et didactiques 54

    5.2 Activité : La multiplication selon deux manières (à la recherche de régularités) ... 55

Truc 6
Fois 2, fois 2 pour trouver les fractions équivalentes 61

    6.1 Quelques repères mathématiques et didactiques 62

    6.2 Activité : À la recherche de fractions équivalentes (faire autrement) 65

Partie 2 : Géométrie

Truc 7
La base d'un solide est la face sur laquelle il est déposé 73

    7.1 Quelques repères mathématiques et didactiques 74

    7.2 Activité : La boîte à surprise (faire autrement) 75

Truc 8
La symétrie divise une figure en deux parties égales 79

    8.1 Quelques repères mathématiques et didactiques 80

    8.2 Activité : Symétrie dans le Géoplan (faire autrement) 81

Partie 3 : Mesure

Truc 9
On déplace la virgule de un dans le tableau pour aller d'une unité à une autre **89**

    9.1 Quelques repères mathématiques et didactiques 90

    9.2 Activité : Fabrication d'un mètre (faire autrement) 92

    9.3 Activité : Les relations dans le tableau de conversion (à la recherche de régularités) 98

Truc 10
Quand l'aire augmente, le périmètre augmente **103**

    10.1 Quelques repères mathématiques et didactiques 104

    10.2 Activité : Histoire de clôtures (faire autrement) 105

Conclusion **111**

Bibliographie **113**

Annexe 1 : Canevas pour la planification des activités **118**

Annexe 2 : Tableau de numération **119**

Annexe 3 : Outils de manipulation (photos et précisions sur leur utilité) **120**

Remerciements

Nous remercions le Ministère de l'Éducation, du Loisir et du Sport (MELS) pour avoir financé le projet de Chantier 7 dans le cadre du Programme de soutien à la formation continue du personnel scolaire, en vue de travailler les trucs mathématiques avec des enseignantes et des orthopédagogues et de coconstruire des activités exploitant les trucs mathématiques.

Nous adressons également nos remerciements à la Commission scolaire de la Rivière-du-Nord pour avoir contribué à sa réalisation en permettant à son personnel (Conseillers pédagogiques, enseignants et orthopédagogues) d'y participer activement.

Nous remercions la professeure Cathy Arsenault d'avoir réalisé une lecture minutieuse de l'ouvrage avec un professionnalisme hors du commun et d'avoir formulé des commentaires qui ont permis de bonifier le contenu de livre. Nous profitons pour remercier madame Francine Boisvert de l'Université de Sherbrooke, au Québec, pour sa relecture et son soutien tout au long de ce projet.

Les auteurs et les collaborateurs remercient sincèrement les relectrices et les relecteurs, d'une part les enseignantes et les enseignants qui sont sur le terrain et d'autre part les assistantes et assistants universitaires pour leur collaboration efficace apportée à la réalisation du livre. Il s'agit de : Isabelle Bruneau (Enseignante), Catherine Fortier (Enseignante), Anne-Julie Leroux (Étudiante et enseignante), Annick Lapointe (Étudiante et enseignante), Audrey B. Raymond (Étudiante et enseignante), Philippe Vaillancourt (Étudiant et enseignant en formation).

En effet, la tâche de lire chacune des activités dans l'optique de pouvoir la reproduire en classe facilement a permis de les ajuster. Cette relecture a permis de clarifier les orientations données à ce livre. Les propositions de pistes de solutions ont permis d'apporter de la profondeur aux activités. Et comme il y a toujours place à l'amélioration, les commentaires formulés visant leur bonification ont été aussi utiles. Ces commentaires en lien, entre autres, avec les choix réalisés pour la conception des activités ont également été pris en compte permettant aux auteurs et collaborateurs de mieux expliciter et de nuancer certains aspects des activités.

Les avis critiques et constructifs des uns et des autres, ainsi que les suggestions formulées, ont permis d'améliorer les activités coconstruites. Les commentaires ont permis de peaufiner les textes explicatifs des concepts et d'apprécier à leur juste valeur la pertinence de l'édition de cet ouvrage. Ainsi, votre expertise, votre professionnalisme et votre générosité y ont contribué.

Les auteurs et les collaborateurs remercient sincèrement madame Léonie Lajeunesse, illustratrice et étudiante en technique de graphisme au CÉGEP de Sherbrooke, pour la conception des bandes dessinées. Nous avons grand espoir que les bandes dessinées seront des déclencheurs aux utilisateurs dans le but de convoquer des activités mathématiques riches.

Enfin, un merci tout spécial aux Éditions JFD pour avoir accepté de publier le livre.

Introduction

L'enseignement-apprentissage des mathématiques vise entre autres le développement de compétences à travers la mise en œuvre de raisonnements mathématiques tel que proposé par le *Programme de formation de l'école québécoise* (Gouvernement du Québec, 2006). Une telle approche permet la construction de savoirs, de savoir-faire et de compétences mathématiques à travers des situations concrètes, complexes et signifiantes. Par ailleurs, un des objectifs en mathématiques est de trouver des moyens économiques, par exemple les algorithmes, pour résoudre certaines classes de problèmes. Ces moyens prennent souvent le statut de méthodes, de techniques ou de trucs. Ils mettent en jeu plusieurs propriétés, invariants et opérations mathématiques, mais trop souvent de manière opaque. Certains moyens empêchent ainsi la mise en œuvre de raisonnements et permettent d'aller plus rapidement à une réponse sans nécessairement donner accès à une justification mathématique adéquate.

Nous appelons ces raccourcis « trucs mathématiques ». Ils sont construits dans l'action : ils peuvent être non-valides (erronés), valides dans tous les cas de figure ou encore avoir une validité limitée dans un domaine ou un contexte particulier (*ex. l'ajout d'un zéro pour la multiplication par 10 qui ne s'applique qu'aux nombres naturels*).

Un truc mathématique (TM) est donc un moyen, un procédé, une technique. C'est une astuce économique et facile pour résoudre une activité mathématique (Loock, 2006). Les TM renvoient à un ensemble de techniques, de procédés ordonnés qui utilisent des méthodes issues de connaissances mathématiques ou simplement des méthodes dictées par la pratique mathématicienne (Adihou et Marchand, 2014).

Un TM est un énoncé (ex. : *quand on divise deux fractions, on multiplie la première par l'inverse de la deuxième*) ou une procédure (ex. : *tu commences par les unités, tu écris la réponse des unités en bas à droite et la retenue en haut à gauche, ensuite…*) ou une règle (ex. : *il faut tasser la virgule vers la droite quand on multiplie par 10*) ou une technique (ex. : *la table de multiplication du 9 sur les doigts*) ou une formule (ex. : *on fait base (B) × hauteur (H) divisé par deux pour trouver l'aire d'un triangle* :

$$AIRE_{Triangle} = \frac{B \times H}{2}$$

qui est un raccourci qui sert à faire l'économie du déploiement de raisonnement mathématique pour résoudre des situations. Le niveau de généralisation des TM est très variable. Les TM peuvent résoudre des cas particuliers ou une classe de situations. Il en existe différentes catégories selon les aspects conceptuels en jeu (vocabulaire/convention, algorithmes, propriétés mathématiques, concept en soi ou faits numériques). Ils se retrouvent dans toutes les sphères mathématiques. Ils peuvent être par exemple symboliques ou mnémotechniques issus (ou le produit) d'une réflexion mathématique du sujet et mis en évidence dans l'action ou être externe au sujet qui l'utilise, c'est-à-dire proposé par un enseignant ou un autre sujet. En classe, un TM peut être proposé par un élève et donc représenter un produit de sa réflexion mathématique ou encore lui être externe dans le cas où le TM lui est proposé par l'enseignant ou encore par le biais de son manuel scolaire ou de ses parents. Dans ce second cas, le TM lui est externe et donc tout le raisonnement mathématique derrière ce raccourci lui est également.

Voici un tableau qui résume ces composantes du truc mathématique :

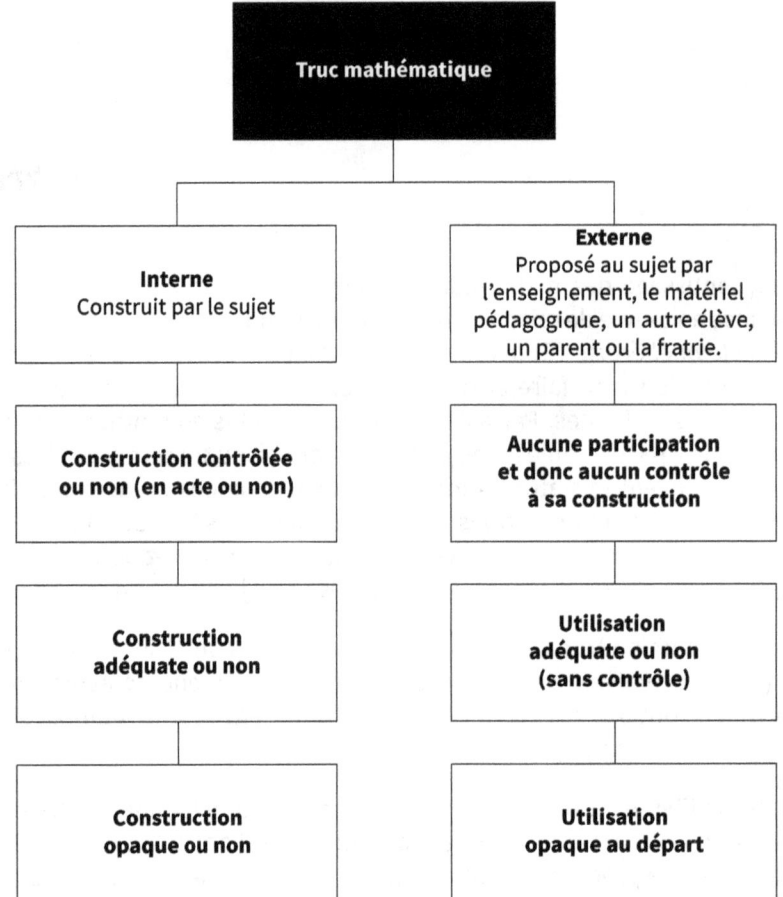

Selon nos observations tant en formation initiale des futurs enseignants qu'en formation continue des enseignants, les TM sont très fréquemment présentés aux élèves du primaire ou amenés en classe par ces derniers. Ils sont majoritairement **utilisés** en classe et non **construits** et semblent créer des difficultés d'enseignement et d'apprentissage[1]. Bien que l'utilisation des TM peut engendrer des difficultés chez les élèves, les TM peuvent être tout à fait adéquats et pertinents lorsque les élèves comprennent le contenu s'y rattachant.

L'utilisation des trucs mathématiques

Prenons, par exemple, la notion de proportionnalité. De nombreuses recherches se sont penchées sur l'enseignement de la proportionnalité[2]. Ces recherches mettent clairement en évidence le fait que la règle de trois[3] n'explicite pas les transformations qui permettent la conservation des rapports. De plus, elles révèlent que la transmission précoce de la règle de trois, qui elle-même découle de la propriété « le produit des extrêmes égale au produit des moyens », vient court-circuiter

---

[1] (Adihou et Arsenault, 2012; Adihou, Arsenault et Marchand, 2012; Adihou et Marchand, 2014, 2010; Marchand, Adihou, Lajoie, Maheux et Bisson, 2012).

[2] (Oliveira, 2009; Comin, 2002, 2000; Hersant, 2001, 2005; Dupuis et Pluvinage, 1981; René de Cotret, 1991; Bosch, 1994; Bednarz et al., 1988; Sokona, 1989).

[3] Dans l'équation $\frac{a}{b} = \frac{c}{x}$, ou x est l'inconnue et a, b et c des valeurs connues, pour trouver la valeur de x, les élèves se réfèrent au truc du poisson $\frac{a}{b} \alpha \frac{c}{x}$ qui leur donne $x = \frac{c \times b}{a}$, s'écartant encore plus de la règle de trois.

l'apprentissage des proportions. Pour certains chercheurs, « son enseignement trop précoce est à éviter, car on court le risque de susciter un désengagement des élèves (automatisation mécanique) et d'apporter une réponse à une question non posée, du passage au "procédural" avant la compréhension » (Gros, 2011, p. 6).

Selon Hersant (2005), « si l'on veut que les élèves progressent dans la résolution de problèmes de proportionnalité, on peut penser à institutionnaliser des techniques. Mais, l'efficacité et la pertinence d'une technique dans le champ des problèmes de proportionnalité dépendent de nombreuses variables. L'institutionnalisation précoce de techniques n'apparaît donc pas raisonnable dans la mesure où l'on veut que les élèves emploient des raisonnements de proportionnalité et développent des procédures appropriées. La seule technique qui pourrait apparaître "efficace" est le produit en croix, mais c'est un "truc" et il tue tout raisonnement de proportionnalité, ce qu'il est souhaitable de développer par ailleurs si l'on veut que la notion prenne sens » (p. 25).

Dans un contexte d'utilisation de TM en classe, un enseignant pourrait prendre une position radicale en choisissant de les éliminer pour éviter les obstacles didactiques qu'ils semblent générer. Or, le problème ne doit pas se poser en ces termes, car, d'une part, relativement à notre nature humaine, nous cherchons toujours des raccourcis et, d'autre part, un des objectifs en mathématiques est de trouver des stratégies et des méthodes expertes et économiques. Ainsi, **les TM seront toujours présents dans l'environnement de la classe. Même des élèves en élaborent à partir d'autres TM.** Par conséquent notre position est d'envisager ces TM comme des occasions pour valoriser un enseignement basé sur la compréhension mathématique et sur les concepts sous-jacents. À ce propos, l'utilisation et la construction de raccourcis en enseignement des mathématiques qui s'appuient entre autres sur le potentiel mathématique de l'élève[4] (Barabé, 2011) semblent être une avenue pertinente. Ainsi, les TM peuvent devenir des outils didactiques qui contribuent à l'apprentissage et à l'enseignement des mathématiques. C'est pourquoi nous proposons dans cet ouvrage des activités mathématiques riches et porteuses de sens (Adihou et Marchand, 2014) afin de répondre à certaines questions :

- Quels sont les contenus mathématiques derrière ces TM ?
- Sont-ils en adéquation avec les concepts et les processus mathématiques mis en avant dans le programme de formation au primaire ?
- Comment les élèves et les enseignants utilisent-ils ou construisent-ils ces TM ?

Ces questions sont essentielles pour développer des compétences à raisonner à l'aide de concepts mathématiques à travers des activités mathématiques (Adihou et Marchand, 2014).

La collaboration chercheurs-enseignants

Le contenu de ce livre est le fruit d'une collaboration chercheurs-enseignants[5] dans le milieu scolaire. Au cours de cette collaboration, les enseignants ont identifié des TM qu'ils utilisaient et les ont analysés pour générer des réflexions didactiques sur leur exploitation en classe. Par la coconstruction

---

[4] Le potentiel mathématique de l'élève est l'ensemble des forces, des capacités, des ressources mathématiques dont dispose l'élève (Barabé, 2011). Le potentiel mathématique de l'élève n'est pas toujours exploité et n'est pas toujours pris en compte dans les activités mathématiques et les trucs mathématiques sont souvent proposés pour « court-circuiter » l'investissement de ce dernier.

[5] Programme de soutien à la formation continue du personnel scolaire du ministère de l'Éducation, du Loisir et du Sport du Québec (MELS), connu sous le nom de Chantier 7.

et l'expérimentation d'activités, les enseignants ont exploité les TM comme source de stimulation à l'apprentissage des mathématiques (lors de leur construction et de leur justification) et non uniquement comme technique ou règle à apprendre par cœur. Cette expérimentation leur a permis de :

- Rendre explicite la façon dont les activités élaborées autour des TM peuvent prendre forme dans leur pratique.
- Porter un regard critique sur le recours aux TM dans leur enseignement des mathématiques.

Au cours de cette expérimentation, les enseignants ont aussi travaillé à développer chez les élèves des concepts mathématiques à travers les TM. De manière plus spécifique, ils ont aussi été amenés à répondre à ces questions :

- Quelles sont les limites et les portées des TM?
- Comment enrichir sa pratique enseignante à l'aide des TM puisqu'ils sont inévitables dans l'enseignement et l'apprentissage des mathématiques?
- Comment les exploiter en classe?

Les liens et la nature des TM

L'expérimentation des TM avec les enseignants nous a permis de les regrouper en différentes catégories :

- Trucs en lien avec le vocabulaire et les conventions (**trucs mnémotechniques**).
    - Exemple : mm et m → J'ai mille millimètres dans un mètre.
- Trucs en lien avec les algorithmes.
    - Exemple : 7 – 9 ça ne se peut pas alors j'emprunte chez le voisin.
- **Trucs en lien avec les propriétés des objets mathématiques** (propriétés des opérations et des nombres en arithmétique).
    - Exemple : Quand je multiplie par 10, j'ajoute un zéro à mon nombre.
- Trucs en lien avec le concept en soi.
    - Exemple : L'égalité est utilisée pour trouver la réponse à un calcul.
- Trucs en lien avec des faits numériques.
    - Exemple : Le truc avec les doigts pour la table du 9.

Nous avons constaté également que les TM n'ont pas les mêmes portées si c'est l'élève ou l'enseignant[6] qui les amène. Ainsi, la richesse du travail sur les TM en classe peut être liée à leur source (enseignant ou élève) et au contexte de leur mise en évidence. En effet, lorsque le TM découle de déductions de l'élève, il est davantage porteur que si c'est l'enseignant qui l'amène. Dans ce dernier cas, l'élève aurait davantage le statut d'observateur. Cela suscite deux autres questions pour les enseignants :

- Si les élèves connaissent le TM, comment le démystifier?
- Et si l'enseignant choisit de ne pas parler du TM, pour ne pas susciter les obstacles didactiques qu'ils semblent générer, comment peut-il procéder?

---

[6] Pour ne pas alourdir le texte, nous utiliserons le terme intervenant lorsque nous voudrons parler à la fois des enseignants et des orthopédagogues.

Les activités proposées

Nous avons développé des activités autour de ces TM en tenant compte du fait que le TM n'était pas connu des élèves. Deux catégories d'activités en ont découlé :

- *Faire autrement* : l'activité a pour but d'éviter le TM et de trouver une autre façon de faire pour construire un sens mathématique.
- *À la recherche de régularités* : l'activité a pour but de faire découvrir le TM par les élèves en le faisant émerger à partir de leurs raisonnements.

De plus, si le TM est connu des élèves, l'enseignant pourrait proposer d'autres types d'activité en classe :

- *Pourquoi ça marche?* : l'activité aurait pour but de trouver mathématiquement pourquoi le TM fonctionne.
- *Qu'est-ce que cela travaille?* : l'activité aurait pour but d'expliciter et d'analyser le contenu mathématique nécessaire à la construction du TM par les élèves.

Puisqu'aucun manuel ne semblait proposer d'activités du genre, un consensus s'est renforcé sur la nécessité de concevoir des activités autour de ces trucs mathématiques. Les enseignants ont donc choisi des trucs et procédés pour élaborer des activités. Ils ont ensuite échangé entre eux afin de valider la clarté des TM et les choix didactiques réalisés, ce qui a permis de les bonifier et de les expérimenter. Les activités proposées dans cet ouvrage ont donc fait l'objet d'une expérimentation en classe.

But visé par le présent ouvrage

Cet ouvrage s'adresse aux enseignants et orthopédagogues en exercice ou en formation initiale et continue ainsi qu'à tous ceux qui sont intéressés par les problématiques liées à l'enseignement et à l'apprentissage des mathématiques au primaire. Il regroupe des activités en arithmétique (7) et en géométrie-mesure (5) qui mettent en évidence des TM proposés par les enseignants ayant participé à la collaboration chercheurs-enseignants dans le milieu scolaire. L'ouvrage illustre explicitement l'intérêt de la construction des TM pour l'apprentissage des mathématiques dans un cadre stimulant et novateur, mais surtout, pour une exploitation réfléchie en classe, afin que ceux-ci n'engendrent pas des difficultés à court, moyen et long termes chez les élèves. L'objectif étant :

- De favoriser une meilleure compréhension et la maîtrise des concepts mathématiques, des algorithmes.
- De développer des raisonnements mathématiques et de faire des liens entre divers concepts.
- De réaliser davantage, et de façon concrète, des activités mathématiques en classe.

Le livre, divisé en trois parties (Arithmétique, Géométrie et Mesure), présente une partie théorique qui proposent quelques éléments de contenu en lien avec les trucs mathématiques, une synthèse des activités sous forme de tableau et le déroulement des activités, suivi des fiches de l'élève. Chaque activité a un titre, avec une explicitation du TM auquel elle se réfère ainsi que le type d'activité. Pour un même TM, plusieurs choix d'activités s'offrent aux intervenants, c'est le cas par exemple du Truc 2 (*Pour trouver un terme manquant, on fait l'opération inverse (1er, 2e et 3e cycles)*) et du Truc 9 (*On déplace la virgule de un dans le tableau pour aller d'une unité à une autre*). Les activités sont précédées d'une bande dessinée qui constitue un élément déclencheur ou de réflexion. Nous en donnons trois exemples : Activité : Histoire de clôtures (faire autrement, page 105), Activité : La boîte surprise (faire autrement, page 75), Activité : La multiplication des macaronis (à la recherche de régularités, page 49).

Comment aborder les activités en classe

Tout comme les enseignants et orthopédagogues ayant collaboré à ce livre, cet ouvrage doit être abordé dans un esprit d'ouverture. En ce sens, il est préférable de commencer par choisir un TM qui interpelle l'enseignant; que ce soit parce qu'il revient chaque année dans la classe, qu'il engendre des difficultés récurrentes chez ses élèves ou encore parce qu'il s'agit d'un aspect que l'on évite habituellement dans sa pratique pour éviter de la confusion chez les élèves.

En fonction du TM choisi, nous proposons de l'aborder ainsi :

- Prendre connaissance des **notions mathématiques** associées à ce TM.
- S'approprier l'activité en se référant au **tableau descriptif** et en l'adaptant selon les spécificités de ses élèves. On trouve dans ce tableau les informations suivantes :

 Attention : indique une conséquence du TM, aspect à éviter dans l'activité en question ou un aspect auquel il faut porter attention

 Objectifs de l'activité

 Intentions de l'enseignant

 Connaissances préalables de l'élève

 Temps à prévoir pour la ou les activités*

 Mode de fonctionnement et matériel requis

 Propos d'enseignants ayant expérimenté l'activité

* Il était très rare qu'une seule activité soit envisagée pour un même TM, les intervenants ayant plutôt opté pour une séquence d'activités pour donner du sens aux TM. Ainsi, les activités proposées ont été vues par les intervenants davantage comme de petites animations, présentées de façon récurrente et souvent sous forme de capsules. Cette particularité vient teinter fortement la planification et l'expérimentation qui en découlent, ce qui explique que le temps à prévoir ne soit pas toujours présenté de façon explicite et prescriptive.

- Réaliser l'activité à l'aide **du tableau de déroulement**. Il se décline selon les trois étapes habituelles, soit la préparation, la réalisation et l'objectivation. Le déroulement en classe y est décrit en termes d'actions, de consignes et de questionnements que l'enseignant peut mettre en place auprès des élèves. On y mentionne les principales difficultés envisagées ou observées. Des exemples de réponses d'élèves ont été ajoutés au besoin dans cette section, sous forme de productions, de verbalisations ou de raisonnements mathématiques anticipés. Des pistes de réinvestissements sont proposées lorsque cela est pertinent.

- Chaque activité est accompagnée d'une fiche pour l'élève qui permet d'approfondir le concept sous-jacent. Ces fiches peuvent être téléchargées et adaptées au besoin sur le site ci-dessous.

trucs.editionsjfd.com

Les diverses activités proposées dans cet ouvrage devraient être envisagées en remplacement d'autres activités habituellement réalisées en classe. Elles ne doivent pas être perçues comme des ajouts. L'enseignant choisit un rythme qui lui convient en fonction de sa planification. Par exemple, un enseignant pourrait profiter d'une occasion qui se présente dans sa classe pour exploiter une activité (ex. : la présentation d'un truc dans un manuel scolaire, un élève arrive avec un TM de la maison, un TM a été présenté en classe et il semble poser problème).

Partie 1 : Arithmétique

Truc 1 | Égal veut dire « ça donne »

Concept d'égalité

1er, 2e et 3e cycles

1 Les trucs mathématiques au primaire

1.1 Quelques repères mathématiques et didactiques

1.1.1 Égalité

Le signe « = » a été introduit en 1557 par Robert Recorde, mathématicien et physicien gallois (1510-1558), dans « Whetstone of Witte » pour épargner à tous ceux qui effectuaient des calculs (lui en particulier) d'avoir à écrire *est égal* en toutes lettres. En mathématiques, l'égalité est une relation entre des éléments (souvent appartenant à un même ensemble). Les termes constitués par ces éléments sont alors identiques, c'est-à-dire que le remplacement de l'un par l'autre dans une expression ne change jamais la valeur de cette dernière. Une autre conception du signe *d'égalité* renvoie à un signal pour faire des opérations. Elle permet de donner du sens à des équations telles que $2x + 3 = 7$, en pensant que le second membre (7) est le résultat à obtenir, si on connait la valeur à attribuer à (x). Pourtant, dans des équations du type $2x + 3 = x + 4$, certains élèves répugnent à accepter des énoncés tels que : $2 + 3 = 1 + 4$. Ils voient le signe égal comme un séparateur et non pas comme un symbole où les éléments sont équivalents de part et d'autre de l'égalité. Il importe donc de faire ressortir d'abord le sens relationnel du signe égal; une égalité peut apparaître comme une affirmation ($4 + 5 = 9$) ou encore comme une équation ($3 + x = 3x$).

1.1.2 Égalité versus équation

Certains enseignants et même des manuels confondent égalité et équation. Les confusions relèveraient probablement des significations diverses en lien avec les difficultés de symbolisation. Dans la recherche, De Champlain et al. (1996) décrivent l'égalité comme « une relation entre deux représentations d'un même objet mathématique. Une égalité est une proposition vraie » (p. 97). Bouvier et al. (1992) abondent dans le même sens en ajoutant que c'est une relation d'équivalence entre deux objets qui ont les mêmes propriétés. Pour De Champlain et al. (1996), une équation est « un énoncé mathématique qui comporte une ou des variables et la relation d'égalité. C'est une forme propositionnelle qui contient le symbole d'égalité » (p. 102). Ainsi, une équation n'est pas une égalité, mais une fonction propositionnelle. Lorsqu'on remplace « x » dans une équation par une valeur donnée, on obtient une égalité, qui est une proposition. Cette proposition peut être vraie ou fausse. Ainsi, un exemple d'égalité peut être $4 + 5 = 3 + 6$ et une équation pourrait être sous la forme $x + 5 = 9$. Quand on résout une équation, on cherche l'ensemble des valeurs de « x » qui rendent ces équations comme des égalités vraies. Égalité, équations et calcul littéral interviennent dans plusieurs activités et sont source de difficultés pour les élèves. L'égalité qui est un concept que l'on considère naturel n'est pas aussi simple qu'on le croirait! Elle intervient aussi dans plusieurs autres notions qui posent des difficultés aux élèves du premier cycle du secondaire. C'est le cas des fractions équivalentes.

1.1.3 Égalité – situations – activités – apprentissage

L'égalité intervient dans plusieurs situations et activités numériques, algébriques, géométriques et de résolution de problèmes. Par contre, les manuels ne font pas mention des propriétés du signe d'égalité. Tout se passe comme si le concept d'égalité était « naturel ». Theis (2005) dans ses recherches a montré que les élèves considèrent le signe d'égalité au début du primaire comme un symbole qui *« sert à séparer les chiffres et à écrire la réponse »*. Il arrive à la conclusion selon laquelle le signe d'égalité est un obstacle à la compréhension de la relation d'équivalence. Or, les activités de traitement d'équation, de simplification d'expressions qui sont proposées aux élèves du primaire et du secondaire ainsi que les raisonnements qui y sont liés renvoient implicitement à la réflexivité, la symétrie et la transitivité. Dans ces activités, le signe d'égalité supporte les procédures et propriétés que nous avons nommées et qui sont implicitement mises en évidence dans les contenus arithmétiques et algébriques enseignés au secondaire. Il est donc ardu de donner du sens aux manipulations algébriques dans les équations (le principe de la balance est difficile à assimiler). La conception de l'égalité comme une relation symétrique et transitive est donc importante pour permettre une meilleure transition vers l'algèbre. C'est dire que l'égalité est en même temps un objet mathématique en soi, mais aussi un objet qui sert dans des activités mathématiques à travers des situations d'apprentissage.

1.2 Activité : Questions d'égalité (faire autrement)
1er, 2e et 3e cycles

1.2.1 Tableau descriptif de l'activité

Attention : Ne pas considérer la notion d'équivalence entre deux expressions mathématiques.
L'élève pourrait ne pas percevoir les équivalences dans les phrases mathématiques. L'élève pourrait ne pas tenir compte de tous les termes dans l'égalité. Dans ce cas, revenir à l'égalité de départ et faire nommer tous les termes par l'élève.

Objectifs

1er, 2e et 3e cycles :

- Reconnaître des expressions équivalentes.
- Établir la relation d'égalité entre des expressions numériques.
- Déterminer des équivalences numériques à l'aide de relations entre :
    - 1er cycle : les opérations (addition et soustraction) et la commutativité de l'addition;
    - 2e cycle : les opérations (les 4 opérations), la commutativité de l'addition et de la multiplication et l'associativité.

3e cycle :

- Les opérations (4 opérations), la commutativité de l'addition et de la multiplication, l'associativité et la distributivité de la multiplication sur l'addition ou la soustraction.

Intentions de l'enseignant

- Observer diverses égalités mathématiques équivalentes.
- Comprendre le symbole « = ».
- Donner du sens au symbole « = ».
- Observer diverses manières de décomposer un nombre.
- Amener les élèves à utiliser les termes suivants dans des contextes adaptés : « équivalent », « autant », « même valeur » ou « même quantité ».

Connaissances préalables de l'élève

L'élève doit :

1er cycle :

- Avoir travaillé sur la relation d'égalité*.
- Avoir manipulé les divers symboles des opérations (+, −).
- Avoir travaillé les différents sens des opérations (+ et −) :
    - Transformation (ajout, retrait), réunion, comparaison.

* On entend par égalité une proposition vraie. Dans le cas d'une égalité qui comporte deux expressions les deux expressions ont la même valeur. Le signe d'égalité est utilisé entre les deux expressions.

1   Les trucs mathématiques au primaire

2ᵉ et 3ᵉ cycles :

- Être capable de lire une égalité dans les deux sens.
- Avoir travaillé les différents sens des opérations (+, −) :
    - Composition de transformations : positive (gain), négative (perte), mixte (3ᵉ cycle seulement).
- Avoir travaillé les différents sens des opérations (×, ÷) :
    - Disposition rectangulaire, addition répétée, produit cartésien, aire, volume, soustraction répétée, partage, groupement et comparaison (à l'aide de matériel concret, de schémas ou d'équations).

Temps à prévoir pour la ou les activités

- Réaliser la séquence d'enseignement en entier et la répéter plusieurs fois.

Mode de fonctionnement et matériel requis

Par équipe

- Balance arithmétique avec plaquettes* (suggérée pour le 1ᵉʳ cycle)

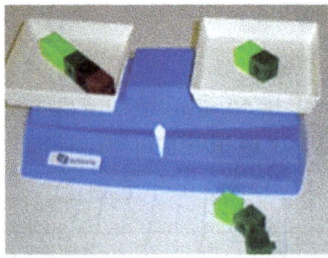

et/ou balance à plateaux (suggérée pour les 2ᵉ et 3ᵉ cycles)

- Réglettes Cuisenaire ou objets personnels.

* Utilisée pour résoudre une égalité contenant des additions. Il est par contre impossible d'effectuer des soustractions et de résoudre des égalités avec des termes plus grands que 10. Pour ces opérations, il sera donc préférable d'utiliser la balance à plateau.

Propos d'enseignants ayant expérimenté l'activité

- L'utilisation de la balance arithmétique est primordiale, car l'élève ne voit plus l'égalité seulement pour trouver la réponse à un calcul, mais aussi pour trouver l'équivalence entre deux expressions mathématiques.
- Le matériel et la manipulation permettent de donner un sens « imagé » au symbole d'égalité.

1.2.2 Déroulement de l'activité

Phase de préparation

- Écrire quelques égalités au tableau selon le cycle (voir les exemples donnés pour chaque cycle).
- Lire les égalités aux élèves et poser les questions proposées plus bas.

1ᵉʳ cycle

- Utiliser la balance arithmétique[1] pour illustrer les égalités[2].
    - Exemples :
        - 4 + 3 = 2 + 5
        - 2 + 7 = 1 + 8
        - 4 + 4 = 6 + 2

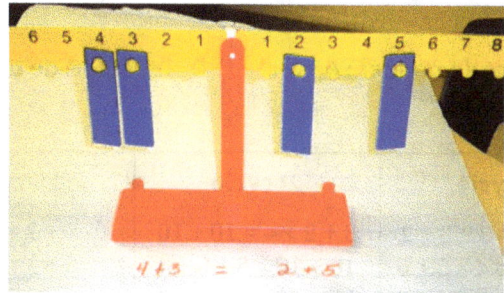

2ᵉ cycle

- Proposer des égalités qui dépassent la somme de 10 et qui contiennent des additions répétées[3].
    - Exemples :
        - 8 + 8 + 4 = 10 + 10
        - 3 + 9 + 9 = 7 + 7 + 7
        - 2 + 2 + 10 = 7 + 7
- Représenter ou illustrer les égalités à l'aide du matériel choisi ou des dessins.

3ᵉ cycle

- Proposer des égalités qui comportent des multiplications et des additions.
    - Exemples :
        - 4 × 5 + 6 = 3 × 8 + 2
        - 2 × 3 + 12 = 6 × 2 + 6
        - 7 + 4 × 3 = 3 × 3 + 10
- Représenter ou illustrer les égalités à l'aide du matériel choisi ou des dessins.

---

[1] S'il y a confusion entre la masse et la quantité, l'élève attribuera la même valeur à chaque plaquette enlevée sur la balance arithmétique sans tenir compte de son emplacement. Par exemple, si on enlève une plaquette à la position 1, elle vaut toujours un, alors que si on enlève une plaquette à la position 7, elle vaut 7.

[2] Éviter de dépasser des égalités qui seraient supérieures à la somme de 10 si l'on souhaite utiliser les balances arithmétiques.

[3] La balance à plateaux est alors plus adaptée.

1 Les trucs mathématiques au primaire

À tous les cycles

- Amener les élèves à porter un regard critique sur leurs égalités.
    - Questions clés :
        - Est-ce que cette égalité est vraie?
        - Pourquoi est-elle vraie?
    - Exemples de justification :
        - « Ça fonctionne parce que ce sont les mêmes quantités de chaque côté de l'égalité ou de la balance »;
        - « Parce que c'est égal ».
    - Faire émerger le vocabulaire précis, par exemple :
        - « est égal à », « autant que », « équivalent », « égalité (5 = 5) »;
        - « addition », « somme », « soustraction », « différence », « multiplication », « produit », « division », « quotient ».
- Montrer une égalité et demander : « Y a-t-il d'autres façons de **dire** l'égalité? »
    - Exemples :

3ᵉ cycle	2ᵉ cycle	1ᵉʳ cycle
4 × 5 + 6 = 3 × 8 + 2	8 + 8 + 4 = 10 + 10	5 + 2 = 6 + 1
3 × 8 + 2 = 4 × 5 + 6	10 + 10 = 8 + 8 + 4	6 + 1 = 5 + 2
2 + 3 × 8 = 6 + 4 × 5	10 + 10 = 8 + 4 + 8	1 + 6 = 2 + 5

Phase de réalisation

1ᵉʳ cycle

- En équipe de deux, inviter les élèves à créer leurs propres égalités à l'aide du matériel de leur choix :
    - Préciser quelques contraintes (faire intervenir l'addition et/ou la soustraction, avoir des expressions différentes de chaque côté de l'égalité, etc.);
    - S'assurer qu'il y ait « équivalence » ou « autant » ou « même valeur » ou « même quantité » des deux côtés de l'égalité;
    - Écrire de façon symbolique l'égalité constituée avec le matériel.

2ᵉ et 3ᵉ cycles

- Présenter des exemples à compléter sur un seul côté de la balance (mentionner aux élèves que les expressions de part et d'autre de l'égalité doivent être différentes).
    - Exemples :
        - _ + _ + _ = 5 + 5 + 8
        - 2 × 9 = _ + _ + _
- En équipe de deux, inviter les élèves à créer leurs propres égalités à l'aide du matériel de leur choix :
    - Préciser quelques contraintes (s'assurer que la réponse à l'égalité soit supérieure à 10, faire intervenir des additions répétées, créer des expressions qui comportent trois termes, etc.).
- Échanger les feuilles entre équipes pour vérifier et justifier les égalités créées.

Égal veut dire « ça donne »

Phase d'objectivation

- Faire un retour sur les égalités qui semblent être fausses en demandant aux élèves de justifier la raison pour laquelle ils croient qu'elles ne sont pas vraies.
    - Questions clés :
        - Pourquoi ces égalités ne fonctionnent-elles pas?
        - Qu'est-ce qu'on pourrait changer à l'égalité pour qu'elle fonctionne?
- Amener les élèves à constater qu'il y a plusieurs façons de compléter les égalités.

Pistes de réinvestissement

À tous les cycles

- Réaliser des égalités avec des soustractions.
    - Exemple :
        - Combien dois-je en enlever à 17 pour en obtenir 13?
- Introduire les termes manquants[4].
- Réaliser différentes opérations à partir de décompositions de nombres.

2e cycle

- Enrichir les décompositions en utilisant la base 60 pour le temps.
    - Exemple :
        - 192 min = 60 min × 3 + 12 min
- Utiliser les dénominations monétaires pour travailler d'autres décompositions.
    - Exemple :
        - 2 × 5 $ + 50 $ = 20 $ + 8 × 5 $

3e cycle

- Réaliser des égalités avec des nombres rationnels (fractions, nombres décimaux), des divisions, plusieurs opérations différentes, etc.
    - Exemples :
        - $\frac{7}{2} - \frac{1}{2} = 1 + \frac{4}{2}$
        - 3,5 − 0,5 = 1 + 2
        - 1 + 122 = 2 × 100 ÷ 2 + 30 − 7
        - 60 − 7 = 100 ÷ 2 + 3

---

[4] Le terme « terme manquant » est utilisé au primaire pour désigner une valeur inconnue dans une équation. On utilise aussi l'expression : égalité lacunaire.

1 Les trucs mathématiques au primaire

1.2.3 Fiche de l'élève de l'activité

Nom : _____

Truc 2 | Pour trouver un terme manquant, on fait l'opération inverse

1ᵉʳ, 2ᵉ et 3ᵉ cycles

2 Les trucs mathématiques au primaire

2.1 Quelques repères mathématiques et didactiques

2.1.1 L'égalité, concept implicite, mais qui pose problème

Le signe égal « = » indique, en mathématiques, l'identité des expressions qu'il sépare. Par ailleurs, en faisant référence aux travaux de Kieran (1992; 1989), Van Amerom (2003) précise deux conceptions des expressions mathématiques : celle procédurale et celle structurale. Le signe égal peut donc exprimer une idée de comparaison entre les expressions (vérification de leur égalité), d'affectation de la valeur de l'une à l'autre (afin qu'elles deviennent identiques) ou il peut séparer les étapes d'un raisonnement ou d'un calcul lors desquelles on transforme progressivement, afin de démontrer leur égalité, une expression en une autre. L'égalité n'est pas un savoir spécifique qui est enseigné en première et deuxième année du premier cycle du secondaire; par contre, elle intervient dans des contenus et savoirs mathématiques. En ce sens, l'égalité fait partie intégrante du milieu de l'élève au premier cycle du secondaire. Le « milieu » est tout ce qui agit sur l'élève et ce sur quoi il agit et tout ce qui lui assure une rétroaction des actions qu'il produit. L'élève agit donc sur le milieu à l'aide de ses connaissances et dans le cadre des règles qui régissent une situation didactique. Le milieu doit être spécifique d'un savoir à enseigner de manière à ce que les stratégies mises en œuvre par l'élève pour contrôler le milieu engagent et fassent appel aux connaissances visées. Dans le milieu, voir l'égalité comme une relation d'équivalence participe au développement de la pensée algébrique. Les propriétés d'une relation d'équivalence sont implicites dans certaines situations.

2.1.2 Égalité : pluralité des significations

Lorsqu'une équation ou une égalité est inscrite sous une forme différente de celle à laquelle les élèves sont habitués (exemple : 7 = 3 + 4), bien des élèves ont de la difficulté à l'accepter et ils déclarent qu'elle est inscrite à l'envers. Cette forme peut même porter des élèves à lire l'équation de droite à gauche. Lorsque ce signe est utilisé pour représenter une équivalence arithmétique (exemple : 4 + 5 = 2 + 7), certains élèves éprouvent aussi des difficultés, proposant deux nouvelles équations plus simples à comprendre : 4 + 5 = 9 et 2 + 7 = 9. Dans ce cas, ils considèrent le signe d'égalité comme étant un séparateur au lieu d'un symbole de relation symétrique et transitive. Cette compréhension limitée persiste chez certains élèves du secondaire et affecte leur rapport à l'algèbre. Donner un sens à une équation du type $5x - 8 = 2 + 3x$ est alors difficile. Dans l'égalité $3 \times 10 + 5 = 12 + 16 + 7$ ou $3 \times 10 + 5 = 1/2 \times (7 \times 10)$, le signe égal devient l'équivalence de procédures, parce que les deux donnent le même résultat (« être la même chose que », Conne 1989).

2.1.3 Les conceptions des équations

Deux types de conception du signe d'égalité, celui arithmétique et celui algébrique, sont mis en évidence dans les activités. Les équations amènent les élèves à utiliser le signe d'égalité et la relation d'équivalence. Ces dernières posent problème et sont source de difficultés (Theis, 2005, Adihou, 2010, Adihou, 2011). Elles sont mises en évidence à travers des activités mathématiques comme les équations. Le recours au matériel est sollicité pour isoler l'inconnue, ici la balance (*Résolution d'équations par la méthode de la balance*). C'est le cas de la détermination des termes manquants dans le cadre des activités qui font référence au truc 2. Ces résolutions mettent en évidence des propriétés des opérations. On constate la nécessité de mettre à la disposition de l'élève des notions théoriques qui lui permettent de mettre en œuvre des procédures. Conne (1989) défend l'idée selon laquelle les notations symboliques jouent un rôle déterminant dans ces relations entre procédures. Ses recherches dans des classes de première année en Suisse romande sur les égalités lacunaires illustrent très bien cette problématique.

2.1.4 Propriété de régularité des opérations

Le raisonnement en lien avec le truc (pour trouver un terme manquant, on fait l'opération inverse) met en jeu les notions d'égalité et d'équivalence, ainsi que les propriétés de régularité des opérations. En effet, quand nous avons une égalité, lorsque nous ajoutons ou retranchons le même nombre aux expressions de part et d'autre de l'égalité, celle-ci est toujours conservée. C'est la propriété de régularité des opérations. Elle est illustrée avec un support : la balance arithmétique dans les activités en classe et dans cette activité. Au primaire, la balance est ainsi utilisée lorsque l'on travaille les termes manquants : Quelle est la valeur de « ? » dans : ? + 6 = 15?

Cette tâche invite à trouver à quel nombre il faut additionner 6 pour trouver 15. On retrouve les tâches du même genre avec :

- la soustraction : ? − 9 = 15; de quel nombre peut-on soustraire 9 pour obtenir 15?
- la multiplication : ? × 6 = 18; par quel nombre peut-on multiplier 6 pour obtenir 18?
- et la division : ?/17 = 3; quel nombre peut-on diviser par 17 pour obtenir 3?

Dans ces exemples, la démarche de résolution pourrait être arithmétique ou algébrique. Elle convoque dans les deux cas le concept d'égalité. Il faut faire l'opération inverse pour trouver le nombre recherché. Il faut faire l'opération inverse de quoi, sur quoi et avec quoi? Est-ce un acquis de considérer l'addition comme l'opération inverse de la soustraction (vice versa)? La multiplication comme l'opération inverse de la division (vice versa)? Comment faire cette opération inverse? L'activité met en évidence tout un ensemble de questionnements pour éviter une généralisation fausse laissant croire que pour trouver un terme manquant, il s'agit de faire l'opération inverse.

2.1.5 Pourquoi dire que ça fonctionne?

En partant de « ? + 6 = 15 » et en retranchant 6 aux deux membres de l'égalité (ou en ajoutant −6) on a : « ? + 6 − 6 = 15 − 6 ».

De « ? + 6 − 6 = 15 − 6 » et en réalisant l'opération, on a : ? + 0 = 15 − 6.

0 est l'élément neutre de l'addition, la réduction de « ? + 0 = 15 − 6 » donne « ? = 15 − 6 = 9 ». On peut alors déduire que le truc marche. En effet le premier terme « ? + 6 » met en évidence une addition avec le terme manquant et pour trouver le terme manquant on fait une soustraction « 15 − 6 ». Toutefois en analysant les autres possibilités d'opérations lacunaires, force est de constater que l'emplacement de la valeur recherchée influence la complexité de la manipulation de l'équation, mais surtout que le truc ne marche plus.

2.1.6 Contre-exemples du truc

C'est le cas de : 16 − ? = 9 ou de 21/? = 3. À partir de « 16 − ? = 9 », en voulant appliquer le truc à la lettre, on se demanderait, on fait l'opération inverse de quoi et comment. La valeur du terme manquant dans ce cas-ci : ? = 16 − 9. Fait-on une opération inverse? Si on s'en tient à l'opération inverse, on additionnerait 16 aux deux membres de l'égalité, on a 16 − ? + 16 = 9 + 16, on ne trouve pas le terme manquant, car on a 32 − ? = 25. Le truc ne fonctionne pas. Cela dépend de quel point de vue l'égalité est prise.

Le truc de « on fait l'opération inverse » ne fonctionne pas lorsque l'inconnue est le deuxième terme d'une soustraction ou d'une division, comme 16 − ? = 9 ou 21 ÷ ? = 3. Si un élève applique le truc avec 16 − ? = 9, il pourrait faire 9 + 16 = 25, mais cette réponse n'aurait pas de sens dans l'opération. Si l'élève n'a aucun moyen de contrôle ou qu'il est dans un mode d'application de truc, il ne verra pas le non-sens de cette réponse, d'où la pertinence de démystifier ce type de truc.

2.2 Activité : Équation vraie ou fausse (faire autrement)
1er, 2e et 3e cycles

2.2.1 Tableau descriptif

Attention : Absence de raisonnement quant à la validité du résultat obtenue selon la place du terme manquant. Empêche la réflexion sur le signe d'égalité.

Objectifs

1er cycle :

- Déterminer un terme manquant dans une équation* (relations entre les opérations) : a + b = ?, a + ? = c, ? + b = c, a − b = ?, a − ? = c, ? − b = c.

2e et 3e cycles :

- Déterminer un terme manquant ou une inconnue dans une équation (relations entre les opérations) : a × b = c, a × ? = c, ? × b = c, a ÷ b = ?, a ÷ ? = c, ? ÷ b = c.

Si l'inconnue est le deuxième terme manquant, l'opération inverse ne peut pas toujours être utilisée. Exemple : 13 − ? = 6; 24 ÷ ? = 3.

* Une équation est une forme propositionnelle c'est-à-dire une proposition vraie qui comprend au moins une inconnue. Elle est vraie pour certaines valeurs et ne l'est pas pour d'autres. C'est un énoncé mathématique qui comporte une ou plusieurs variables avec une égalité (Vorderman, 2012).

Intentions de l'enseignant

- Observer et analyser diverses équations mathématiques.
- Observer et suggérer différentes manières de décomposer un nombre.
- Utiliser et inventorier différentes façons (arithmétique, essais-erreurs) pour trouver le terme manquant.
- Comprendre ce que représente l'inconnue.
- Mettre en évidence la différence entre égalité et équation.

Connaissances préalables de l'élève

L'élève doit :

- Connaître et comprendre les termes suivants en se référant à des contextes adaptés : « équivalent », « autant », « même valeur » ou « même quantité ».

1er cycle :

- Avoir manipulé les divers symboles des opérations (+, −).
- Avoir développé le sens des opérations (+ et −) :
    - Transformation (ajout, retrait), réunion, comparaison.

Pour trouver un terme manquant, on fait l'opération inverse   2

2ᵉ et 3ᵉ cycles :

- Être capable de lire une égalité dans les deux sens.
- Avoir travaillé les différents sens des opérations (+, −) :
    - Composition de transformations : positive (gain), négative (perte), mixte (3ᵉ cycle seulement).
- Avoir travaillé les différents sens de l'opération (×, ÷) :
    - Disposition rectangulaire, addition répétée, produit cartésien, aire, volume, soustraction répétée, partage, groupement et comparaison (à l'aide de matériel concret, de schémas ou d'équations).

Temps à prévoir pour la ou les activités

- Réaliser la séquence d'enseignement en entier et la répéter plusieurs fois.

Mode de fonctionnement et matériel requis

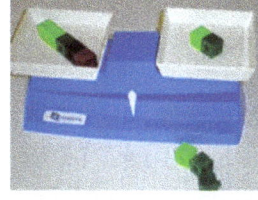  

Par équipe :

- Balance arithmétique avec plaquettes* et/ou balance à plateaux.
- Réglettes Cuisenaire, blocs multibase** ou autres (jetons de différentes couleurs, cubes unités, blocs, …).

    OU

- Tout objet sans utiliser la balance.

* Utilisée pour résoudre une égalité contenant des additions. Il est par contre impossible d'effectuer des soustractions et de résoudre des égalités avec des termes plus grands que 10. Pour ces opérations, il sera donc préférable d'utiliser la balance à plateau.

** Éviter que son usage dérive l'activité vers la décomposition en base 10.

Propos d'enseignants ayant expérimenté l'activité

- La balance à plateaux est importante dans la première phase pour manipuler et pour la compréhension avec le 1er cycle. La balance à plateaux permet d'observer s'il y a équivalence ou non entre les deux expressions mathématiques.

- La manipulation permet de défaire le truc facilement véhiculé « Pour trouver le terme manquant, on fait l'opération inverse », en amenant les élèves à réfléchir sur les opérations qu'ils doivent effectuer et en les concrétisant.

- Le choix des exemples lors de la phase de préparation permet de porter un regard sur le niveau de compréhension des élèves par rapport aux termes manquants.

2.2.2 Déroulement de l'activité

Phase de préparation

- Écrire quelques égalités au tableau selon le cycle (voir les exemples donnés pour chaque cycle).
- Lire les égalités aux élèves et poser les questions proposées plus bas.

1er cycle

- Proposer des équations qui comportent des additions et qui permettent de les illustrer avec la balance à plateaux.
    - Exemples :
        - $4 + ? = 7$
        - $5 + ? = 8$
        - $10 = 9 + ?$

2e cycle

- Proposer des équations qui comportent des additions et des soustractions.
    - Exemples :
        - $? + 27 = 44$
        - $? - 27 = 44$
        - $27 - ? = 13$

3e cycle

- Proposer des équations qui comportent des multiplications et varier la position du terme manquant.
    - Exemples :
        - $6 \times ? = 120$
        - $? \times 12 = 60$
        - $8 \times ? = 88$

Pour trouver un terme manquant, on fait l'opération inverse | 2

À tous les cycles

- Prendre connaissance des différentes formes d'écriture et de l'existence de solutions.
    - Questions clés :
        - ▶ Peux-tu interpréter ces équations?
        - ▶ Y a-t-il d'autres façons de les représenter?
        - ▶ À quelle condition l'équation aura-t-elle une solution?
        - ▶ Quelle serait alors la valeur du terme manquant?
- Pour aider les élèves à répondre aux questions, les laisser explorer avec du matériel concret (voir matériel proposé pour l'activité).

Phase de réalisation

À tous les cycles

- En équipe de deux, inviter les élèves à créer leurs propres égalités :
    - S'assurer qu'il y ait équivalence des deux côtés de l'égalité à l'aide du matériel choisi.
- Leur demander d'inventer leur propre équation en enlevant un nombre pour créer l'inconnue.
- Échanger les feuilles entre équipes et trouver le terme manquant.
- Présenter d'autres équations.

! Les équations proposées sont des équations qu'on ne peut résoudre en une seule étape en faisant l'opération inverse, par exemple lorsque le second terme est manquant dans une soustraction ou une division.

- Exemples :
    - $5 - ? = 4$

        Si on soustrait 5 à chaque expression de l'équation, on obtient :

        - ▶ $-? = 4 - 5$
        - ▶ $-? = -1$
        - ▶ $? = 1$
    - $16 \div ? = 4$

SI on divise par 16 chaque expression de l'équation, on obtient :

- $1 \div ? = 4 \div 16$, on a :
    - ▶ $4 \times ? = 16$
    - ▶ $? = 4$

Phase d'objectivation

- Faire ressortir les différents processus personnels pour résoudre les équations.
- Faire des liens avec des contextes authentiques.
    - Question clé :
        - ▶ Y a-t-il des situations de la vie courante dans lesquelles il t'arrive de chercher à déterminer une valeur inconnue?

- Exemple :
    - À l'épicerie, quel montant d'argent avais-je au départ si j'ai acheté une friandise à 2 $ et qu'il me reste 3 $ en poche?
    - ? − 2 = 3
    - À l'épicerie, quel était le coût de ma friandise si j'avais 5 $ au départ et qu'il me restait 3 $ après la transaction?
    - 5 − ? = 3

Pistes de réinvestissement

1er cycle

- Ajouter la soustraction et un terme manquant au début de l'équation.
    - Exemple :
        - ? − 5 = 12

2e cycle

- Avoir plusieurs termes manquants dans la même équation.
    - Exemples[1] :
        - 6 + ? = ? − 5
        - 3 + ? + ? = ? + 8

3e cycle

- Proposer des équations qui comportent les quatre opérations.
    - Exemple :
        - 4 × 5 − 7 = 48 ÷ ? + 1

À tous les cycles

- Faire piger une équation avec un terme manquant et inventer une histoire à partir de l'équation.

    OU

- Inventer une équation à partir d'une histoire :
    - Exemple (2e cycle) :
        - 3 × ? = 21 ou ? × 3 = 21

J'ai joué trois parties de hockey. J'ai gagné 21 points au total. Combien ai-je gagné de points par partie si mes points étaient toujours égaux d'une partie à l'autre?

---

[1] Dans ces exemples, les points d'interrogation ne représentent pas nécessairement tous la même valeur. Plusieurs solutions sont possibles.

2.2.3 Fiche de l'élève de l'activité

Nom : _____

2.3 Activité : Les égalités en équilibre (faire autrement)
3ᵉ cycle

2.3.1 Tableau descriptif

Attention : Émergence de fausses généralisations à propos des termes manquants dans une équation.
Objectifs
<ul><li>Déterminer un terme manquant dans une équation (relations entre les opérations) : $a \times b = ?$, $a \times ? = c$, $? \times b = c$, $a \div b = ?$, $a \div ? = c$, $? \div b = c$.</li><li>Établir des équivalences numériques qui font intervenir :<ul><li>les opérations (4 opérations);</li><li>la commutativité de l'addition et de la multiplication;</li><li>la symétrie;</li><li>la distributivité de la multiplication sur l'addition ou la soustraction.</li></ul></li></ul>Si l'inconnue est le deuxième terme manquant, l'opération inverse ne peut pas toujours être utilisée pour résoudre l'équation en 1 étape. Exemples : $13 - ? = 6$; $24 \div ? = 3$.
Intentions de l'enseignant
<ul><li>Interpréter les opérations adéquatement.</li><li>Justifier les équivalences en utilisant les 4 opérations et leurs propriétés.</li><li>Donner une estimation de la réponse.</li></ul>
Connaissances préalables de l'élève
L'élève doit :<ul><li>Avoir travaillé les propriétés des opérations (la commutativité, la distributivité et l'associativité) et le vocabulaire associé.</li><li>Avoir travaillé les égalités (voir activité A) :<ul><li>Exemple : $3 + 8 = 10 + 1$</li></ul></li><li>Avoir travaillé les équations (voir activité B) :<ul><li>Exemple : $3 + ? = 11$</li></ul></li></ul>
Temps à prévoir pour la ou les activités
<ul><li>Réaliser la séquence d'enseignement sur 2 périodes.</li></ul>

Pour trouver un terme manquant, on fait l'opération inverse **2**

Mode de fonctionnement et matériel requis

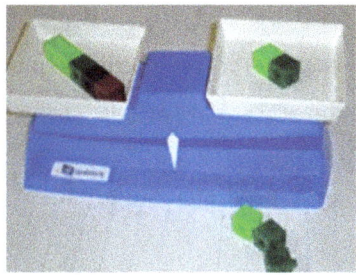 

Balances à plateaux :

- Jetons ou blocs multibases.
- Fiches avec termes manquants* (une par élève).

* Voir p. 38.

Propos d'enseignants ayant expérimenté l'activité

- Le choix des exemples lors de la phase de préparation permet de porter un regard sur le niveau de compréhension des élèves sur les termes manquants.
- L'utilisation de la balance à plateaux est très importante pour vérifier s'il y a équivalence. C'est une forme d'autovalidation.
- La manipulation est bénéfique car c'est un truc profondément ancré et pas si facile à défaire

2.3.2 Déroulement de l'activité

Phase de préparation

- Rappeler que le signe égal :
    - Permet d'avoir un résultat (4 + 5 = 9 : le résultat de la somme 4 + 5 est 9), mais
    - Établit aussi une équivalence (4 + 5 + 9 = 26 − 10 + 2 : chaque expression représente la même quantité, soit 18).
- Présenter les exemples suivants :
    - a) ? + 15 = 39
    - b) 9 + ? = 25
    - c) ? − 14 = 18
    - d) ? × 7 = 56

2. Les trucs mathématiques au primaire

Si l'inconnue est placée dans le 2e terme de l'égalité, il faut amener l'élève à comprendre que l'égalité peut se lire dans les deux sens, c'est-à-dire que l'égalité est une relation symétrique[2].

- Demander aux élèves de réaliser une estimation[3] avant de trouver le terme manquant.
    - Exemple de question clé :
        - Dans l'exemple a), le nombre cherché est-il inférieur ou supérieur à 39?
- Demander aux élèves d'utiliser une balance à plateaux et des jetons pour trouver le terme manquant.
- Amener les élèves à approfondir leur raisonnement en justifiant leur réponse.
    - Questions clés :
        - Quelles actions t'ont permis d'avoir l'équilibre?
        - À quelles opérations ces actions font-elles référence?
        - Est-ce que c'est toujours l'opération inverse qui permet de trouver un terme manquant?
            - Sinon, donne-moi des exemples;
            - Si oui, essaie de trouver un contre-exemple, c'est-à-dire un exemple pour lequel ça ne fonctionne pas.

Phase de réalisation 1

- Distribuer la fiche avec des termes manquants à chaque élève, dans laquelle l'opération inverse ne permet pas toujours de trouver les inconnues.
- Dans la partie 1, demander aux élèves d'estimer leur réponse comme dans la phase de préparation.
- Demander aux élèves de trouver le terme manquant à l'aide d'une balance à plateaux et de jetons ou de blocs multibases.

Phase d'objectivation 1

- Faire un retour sur les réponses des élèves en les questionnant sur leurs démarches.
    - Questions clés :
        - Comment as-tu fait pour trouver le terme manquant?
        - Quelle(s) opération(s) as-tu utilisée(s)?

Faire verbaliser par l'élève s'il a effectué la même opération ou l'opération inverse sans lui proposer le choix de réponse.

- Exemples :
    a) $48 = 56 - ?$ (Même opération)
    b) $12 = ? + 8$ (Opération inverse)
    c) $42 - ? = 28 + 3$ (Même opération)
    d) $? \times 4 = 128$ (Opération inverse)
    e) $72 \div ? = 3$ (Même opération)
    f) $? \div 6 = 108$ (Opération inverse)

---

[2] a = b est équivalent à b = a. Cette propriété veut dire que la relation d'égalité est une relation symétrique.

[3] Par l'estimation, on cherche à obtenir un ordre de grandeur du terme manquant. L'estimation est une valeur approximative d'une grandeur qu'on utilise lorsque la valeur exacte n'est pas nécessaire, n'est pas pertinente ou est impossible à trouver. On peut obtenir une telle approximation en arrondissant un nombre par excès ou par défaut. (Vorderman, 2012)

Pour trouver un terme manquant, on fait l'opération inverse

Si des élèves font mention de propriétés (commutativité, symétrie ou autre) utilisées lors de la transformation de leurs équations, élargir en illustrant avec d'autres exemples. Sinon, amener les élèves à observer les équations dans lesquelles il peut y en avoir. Par exemple, on peut évoquer la symétrie de l'égalité et la commutativité de l'addition pour écrire l'équation 12 = ? + 8 d'une autre façon : 8 + ? = 12. Cette nouvelle représentation pourrait faciliter la résolution de l'équation pour certains élèves.

Phase de réalisation 2

- Dans la partie 2 de la fiche de l'élève, demander aux élèves d'estimer leur réponse comme dans la phase de préparation.
- Demander aux élèves de trouver le terme manquant à l'aide d'une balance à plateaux et de jetons ou de blocs multibases.

Phase d'objectivation 2

- Effectuer un retour sur les termes manquants en faisant verbaliser les stratégies utilisées par les élèves.
    - Questions clés :
        - Comment as-tu fait pour résoudre les termes manquants de la partie 2?
        - En quoi est-ce différent des exemples de la partie 1?
        - Quelle(s) opération(s) as-tu utilisée(s)?

Parmi les exemples[4] de la partie 2 :

- Faire ressortir différentes façons de regrouper les termes[5] pour simplifier les calculs dans les cas suivants :
    a) $5 + 4 + 3 + 2 = 12 + ? \rightarrow (5 + 4 + 3) + 2 = 12 + ?$
    b) $6 + 4 + 7 + 3 = 15 + ? \rightarrow (6 + 4) + (7 + 3) = 15 + ?$
    c) $2 + ? + 4 = 8 - ? \rightarrow (2 + 4) + ? = 8 - ?$
    d) $4 \times ? = 2 \times 2 \times 10 \rightarrow 4 \times ? = (2 \times 2) \times 10$

- Faire ressortir la distributivité dans les cas suivants :
    a) $2 \times (3 + 7) = (2 \times 3) + (2 \times ?)$
    b) $25 + (2 \times ?) = 5 \times (5 + 2)$
    c) $7 \times (3 - 1) = 7 \times 3 - ?$
    d) $? \times (4 + 5) = 3 \times 4 + ? \times ?$

Pistes de réinvestissement

- Demander aux élèves d'inventer des exemples de termes manquants dans une proposition contenant trois termes et plus dans lesquels le terme manquant n'est pas toujours à la même position.

- Demander aux élèves quelles sont les propriétés mathématiques (commutativité, distributivité, associativité) des différentes opérations suivantes : addition, soustraction, multiplication et division.

---

[4] Certains exemples comportent plus d'un terme manquant. Dans ce cas, les points d'interrogation ne représentent pas nécessairement tous la même valeur. Plusieurs solutions sont possibles.

[5] Important : « Regrouper » ou « associer » des termes ne fait pas nécessairement référence à la propriété mathématique d'« associativité ». À ne pas confondre.

2.3.3 Fiche de l'élève de l'activité

Nom : _____

1. Dans les parties 1 et 2, estime la valeur de chaque terme manquant.
2. Trouve le ou les termes manquants.

Partie 1

a) $48 = 56 - ?$	**b)** $12 = ? + 8$	**c)** $42 - ? = 28 + 3$
d) $? \times 4 = 128$	**e)** $72 \div ? = 3$	**f)** $? \div 6 = 108$

Partie 2

a) $5 + 4 + 3 + 2 = 12 + ?$	**b)** $6 + 4 + 7 + 3 = 15 + ?$	**c)** $2 + ? + 4 = 8 - ?$
d) $4 \times ? = 2 \times 2 \times 10$	**e)** $2 \times (3 + 7) = (2 \times 3) + (2 \times ?)$	**f)** $25 + (2 \times ?) = 5 \times (5 + 2)$
g) $7 \times (3 - 1) = 7 \times 3 - ?$	**h)** $? \times (4 + 5) = 3 \times 4 + ? \times ?$	**g)** $5 \times (9 - 7) = (2 \times ?) + (? \times ?)$

Truc 3 | Pour soustraire un nombre plus petit d'un plus gros, on les inverse

Concept d'opérations

2ᵉ cycle

3.1 Quelques repères mathématiques et didactiques

3.1.1 Rupture dans l'application habituelle de l'algorithme conventionnel de soustraction

L'expression « ça ne se peut pas » survient puisqu'il y a double rupture dans la manière dont les élèves doivent soustraire les nombres naturels, mais aussi appliquer l'algorithme lorsque le chiffre des unités du premier terme est inférieur à celui du deuxième. Premièrement, ils ne peuvent plus simplement faire la soustraction du plus gros chiffre moins le plus petit (ce que plusieurs font malgré l'inversion de l'ordre des chiffres dans les deux nombres) et deuxièmement, ils ne peuvent pas non plus appliquer directement la soustraction des unités avec les unités puisque cela donnerait une réponse négative. Ces ruptures sont liées au fonctionnement de l'algorithme conventionnel (de la droite vers la gauche) et elles ne sont pas nécessairement présentes si, par exemple, nous procédons de gauche à droite en explicitant les calculs intermédiaires.

3.1.2 Lien entre la réalisation du calcul et le sens derrière les actions impliquées

Les ruptures précédentes dans la façon d'opérer nécessitent une analyse de la situation en valorisant le lien entre le calcul symbolique et schématique. Il faut faire verbaliser les élèves afin de travailler leur compréhension dans une telle situation mathématique, ce pourquoi nous insistons dans cette activité sur l'arrimage des actions réalisées dans le tableau de numération et dans l'algorithme conventionnel.

3.1.3 Les obstacles liés au concept du zéro

Le concept du zéro est étroitement lié à cette activité et nous pourrions l'introduire dans les opérations proposées. En effet, dans la numération décimale, la présence du zéro à une position renvoie entre autres à une absence de groupement. Par ailleurs, dans l'ensemble des nombres naturels, soustraire un nombre à zéro met les élèves devant une impossibilité, les amène à soustraire zéro à un nombre (inverser les termes) ou les amène à considérer zéro comme un élément neutre[1] de la soustraction. Les soustractions dans lesquelles le premier terme comporte un ou des zéros et le deuxième terme comporte des chiffres différents de zéros à ces mêmes positions (par exemple 6 001 – 2 349) permettraient un travail de fond sur la mise en évidence et le recours à l'expression « ça ne se peut pas » lors des activités.

3.1.4 Vision plus large de la soustraction : ouverture vers les nombres entiers

L'expression « ça ne se peut pas » doit être questionnée et on devrait y donner un sens lors de la verbalisation. En effet, « ça ne se peut pas » dans l'ensemble des nombres naturels, mais « ça se peut » dans l'ensemble des nombres entiers. C'est peut-être implicite, mais elle doit être à un moment donné verbalisé explicitement. Sinon, ce type d'intervention didactique pourrait engendrer une fausse conception chez l'élève qui lui fera obstacle lors de l'introduction des autres ensembles de nombres. Donner du sens à « ça ne se peut pas » dans l'ensemble des nombres naturels lors de la verbalisation milite au profit de la nécessité d'emprunter et donne du sens aux principes de la numération de position pour cet ensemble de nombres. Pour aller plus loin, cette activité pourrait être l'occasion d'ouvrir vers les opérations sur les nombres entiers. Le contexte de la température (même s'il possède plusieurs limites en lien avec les opérations avec les entiers) pourrait très bien servir ici de support pour illustrer ce nouvel ensemble de nombres et pour montrer que 7 – 9 dans l'ensemble des nombres entiers est possible.

---

[1] Pour une opération * stable dans un ensemble donné, un élément neutre E est défini tel que $x*E = E*x = x$ pour tout élément x de cet ensemble.

3.2 Activité : 7 − 9 ça ne se peut pas? (faire autrement)
2ᵉ cycle

3.2.1 Tableau descriptif

Attention : Le recours à ce TM sans lui donner un sens mathématique peut engendrer chez l'élève des obstacles pour l'introduction des nombres négatifs, une inversion des règles de l'algorithme (37 − 19, fait 9 − 7 au lieu de 7 − 9) et une incompréhension du nombre dans son ensemble (centaines, dizaines, unités…).

Objectifs

- À l'aide de processus conventionnels, déterminer la différence de deux nombres naturels ayant au plus 4 chiffres dont le résultat est supérieur à 0.

Intentions de l'enseignant

- Faire le parallèle et le lien entre ce qui est fait dans le tableau de numération et ce qui est fait lors d'un calcul avec l'algorithme conventionnel.
- Comprendre la signification de l'emprunt pour la soustraction.
- Comprendre l'emprunt en soustraction et faire le lien avec les échanges en numération.

Connaissances préalables de l'élève

- Avoir manipulé le matériel multi-base en lien avec le tableau de numération.
- Avoir travaillé la représentation des opérations de soustraction (avec aucun, un et plusieurs emprunts; avec un zéro à la position des dizaines, etc.) dans le tableau de numération.
- Comprendre la valeur de position.

Temps à prévoir pour la ou les activités

- Chaque phase peut être faite plusieurs fois sous forme de capsules.

Mode de fonctionnement et matériel requis

- Fiches avec tableau de numération* (une par élève).

* Voir p. 44.

Propos d'enseignants ayant expérimenté l'activité

- Avant, il n'y avait pas de liens entre ce qui était fait dans le tableau de numération et l'algorithme conventionnel. C'était comme si les élèves faisaient deux tâches différentes.
- L'activité fait le lien entre les différents apprentissages réalisés antérieurement (soustraction des nombres naturels) et ultérieurement (soustraction des nombres décimaux, zéro intercalaire). Cela met en évidence la progression de la notion.
- À la suite de l'expérimentation de cette activité, on comprend pourquoi on utilise maintenant l'expression échanger plutôt que emprunter dans la soustraction.

3 Les trucs mathématiques au primaire

3.2.2 Déroulement de l'activité

Phase de préparation

- Écrire au tableau deux représentations d'une soustraction avec emprunt comme ci-dessous à l'aide du tableau de numération en parallèle avec l'algorithme conventionnel[2] et faire découvrir les liens existants entre les deux représentations.
    - Exemple[3] :

Unités de mille	Centaines	Dizaines	Unités	
	⌀	⌀ ⌀ ⌀ ⌀ ○ ⌀	⌀ ⌀ ⌀ ⌀ ⌀ ⌀ ○ ⌀ ○ ○ ○ ○ ○ ○	51 1̶6̶6 − 147 019
		○	○ ○ ○ ○ ○ ○ ○ ○ ○	

! Pour ne pas qu'il y ait confusion chez l'élève, ne représenter que le 1er nombre dans le tableau de numération pour faire une soustraction.

- Laisser discuter les élèves à propos des différences et des ressemblances entre les deux représentations.
- Faire verbaliser les élèves sur ce qu'ils observent et remarquent en faisant plusieurs exemples de ce type.
    - Questions clés :
        ▶ Quels liens vois-tu entre les deux représentations?
        ▶ Qu'est-ce qui est semblable?
        ▶ Qu'est-ce qui est différent?
    - S'attendre à avoir des réponses en lien avec la décomposition des nombres et l'échange d'une dizaine versus 10 unités…

---

[2] Le passage de la représentation visuelle vers le symbolique peut être fait dans le tableau de numération.
[3] Un tableau de numération vide est présenté à la page 44.

Pour soustraire un nombre plus petit d'un plus gros, on les inverse

! Éviter de verbaliser que « ça ne se peut pas ». Il est plus adéquat de dire : « J'ai un manque d'unités. J'ai un manque de dizaines, etc. ».

Phase de réalisation

- Écrire des opérations de soustraction au tableau et les présenter aux élèves (voir fiche 2 de l'élève, p. 45) :

$$\begin{array}{cccc} 173 & 251 & 326 & 286 \\ -147 & -174 & -298 & -197 \\ \hline \end{array}$$

- En équipe de deux, faire effectuer les soustractions à l'aide du tableau de numération.
- Faire valider leur réponse à l'aide de l'algorithme conventionnel :
    - Après avoir fait quelques capsules, demander aux élèves de les effectuer individuellement par l'algorithme conventionnel et de se vérifier avec le tableau de numération.
- En équipe, demander à chacun d'expliquer à l'autre sa démarche.
    - Exemple de verbalisation (326 − 298) :
        - J'ai 6 unités, je dois en enlever 8.
        - Je peux en enlever 6. Il m'en manque, mais je sais que je peux transformer 1 dizaine en 10 unités.
        - Alors, je vais chercher 1 dizaine à mes 2 dizaines pour amener ces 10 unités à mes 6 unités. J'ai maintenant 16 unités d'où je peux enlever 8 unités.
        - Donc 16 unités − 8 unités = 8 unités.
        - J'avais 2 dizaines, j'en ai échangé 1. Il me reste 1 dizaine…

! À ce stade, il est à noter qu'aucune opération proposée ne contient de zéro intercalaire[4] dans le premier nombre. Cette difficulté supplémentaire sera traitée ultérieurement.

Phase d'objectivation

- Faire verbaliser les élèves sur ce qu'ils ont retenu, sur les ressemblances et les différences entre les deux procédés de calcul.
    - Questions clés :
        - Qu'as-tu observé?
        - Y a-t-il un procédé qui est plus efficace que l'autre? Pourquoi?
        - Est-ce que l'explication de la démarche avec le tableau de numération ressemble à l'explication de la démarche de l'algorithme conventionnel? Pourquoi?
- Afin de s'assurer de faire un parallèle entre les deux procédés de calcul, inviter deux élèves au tableau pour faire simultanément une soustraction avec emprunt, l'un avec le processus conventionnel et l'autre avec la représentation visuelle. Échanger les rôles si désiré.

---

[4] Un nombre comportant un « zéro intercalaire » est un nombre qui, s'il est de l'ordre des centaines, le chiffre de la position des dizaines est 0 et s'il est de l'ordre des milles, au moins un des chiffres de la position des centaines et/ou des dizaines est zéro. Ainsi 104 a un zéro intercalaire.

3 Les trucs mathématiques au primaire

Pistes de réinvestissement

- Ajouter un zéro intercalaire et le présenter comme un défi aux élèves : 204 – 115.
    - Question clé :
        - ▶ Es-tu capable de l'effectuer avec l'algorithme conventionnel?
    - Demander à un élève de venir au tableau effectuer cette opération dans le tableau de numération puis à un autre élève de la faire avec l'algorithme conventionnel.
- Présenter des soustractions déjà effectuées avec ou sans erreurs.
- Demander aux élèves de trouver les erreurs s'il y a lieu et de les corriger.

3.2.3 Fiche 1 de l'élève de l'activité

Nom : _____

Tableau de numération

Unités		
Dizaines		
Centaines		
Unités de mille		

3.2.4 Fiche 2 de l'élève de l'activité

Nom : _____

Effectue les soustractions suivantes dans le tableau de numération. Ensuite, vérifie ta réponse à l'aide de l'algorithme conventionnel.

a) 173 − 147 =

b) 251 − 174 =

c) 316 − 298 =

d) 286 − 197 =

Algorithme conventionnel		
Unités		
Dizaines		
Centaines		
Unités de mille		

Truc 4 | Ajout d'un zéro lors d'une multiplication d'un nombre naturel par 10

2ᵉ cycle

4 Les trucs mathématiques au primaire

4.1 Quelques repères mathématiques et didactiques

Sens de la multiplication

La multiplication dans l'ensemble des nombres naturels est une opération interne qui permet de partir de deux nombres naturels pour trouver un troisième nombre qui est le résultat de cette opération. Ce résultat est appelé le produit des deux nombres initiaux. Une des façons d'appréhender est par l'addition répétée (exemple : 7 + 7 + 7 = 3 × 7 = 21). C'est dire que l'on peut obtenir le résultat par le biais de l'addition. La multiplication a ainsi plusieurs sens. Plusieurs didacticiens ont travaillé sur ce concept mathématique. C'est le cas de Vergnaud (1981) qui a défini plusieurs sens de la multiplication en se référant à des problèmes de structure multiplicative. Poirier (2001) a vulgarisé dans son livre « Enseigner les mathématiques au primaire » les différents sens en cinq sens : addition répétée, produit cartésien ou la combinaison, comparaison multiplicative, disposition rectangulaire et aire-volume. Ces différents sens sont travaillés par le biais des problèmes résolus par les élèves afin que ces derniers maitrisent le concept de multiplication. La multiplication a des propriétés. L'apprentissage de la multiplication consiste à apprendre ces propriétés, à proposer des activités en lien avec différents sens, mais aussi apprendre aux élèves les algorithmes de calcul. Comme le prévoit le programme, l'enseignant devra valoriser les processus personnels et enseigner les processus conventionnels, si possible les faire construire par les élèves.

4.1.1 Propriétés de la multiplication

La multiplication a diverses propriétés. Elle est stable dans l'ensemble des nombres enseignés à l'école, elle est commutative et associative, elle possède un élément neutre qui est 1, un élément absorbant (tout nombre non nul possède un inverse) et elle est distributive par rapport à l'addition. Lorsqu'un nombre naturel est multiplié par 10, il suffit de mettre 0 à droite du chiffre du nombre (ex. : 13 × 10 = 130). Cette propriété est toujours vraie dans l'ensemble des nombres naturels et des nombres entiers. Mais dans d'autres ensembles comme l'ensemble des nombres décimaux, la propriété n'est plus vraie (ex. : 1,3 × 10 = 13). On voit aisément que la compréhension de cette propriété est importante, car si elle n'est pas comprise, elle peut amener à des erreurs comme : 1,3 × 10 = 1,30 = 1,3.

4.1.2 Algorithme : quelques définitions

a) « Suite finie de règles à appliquer dans un ordre déterminé à un nombre fini de données pour arriver avec certitude (c'est-à-dire sans ambiguïté), en un nombre fini d'étapes, à un certain résultat et cela indépendamment des données. » (De Champlain, Mathieu, Patenaude et Tessier, 1996; p. 19)

b) « Ensemble de règles précises ou procédures structurées en un nombre fini d'opérations, qui permet de résoudre mécaniquement un problème, de prendre une décision, de réaliser une tâche ou de comprendre une situation d'une manière méthodique et optimale. » (Legendre, 1993; p. 33)

c) Un algorithme est l'abstraction formelle d'un processus systématique de calcul. C'est la description précise (quasi-mathématique) d'une suite ordonnée et finie d'opérations permettant la résolution d'un problème. C'est un nombre fini d'instructions à appliquer dans un ordre déterminé à un nombre fini de données, suivant un nombre fini d'étapes permettant d'atteindre un résultat correct ou exact. Un algorithme résout les problèmes de même structure mathématique, mais de données différentes.

4.2 Activité : La multiplication des macaronis (à la recherche de régularités)
2ᵉ cycle

4.2.1 Tableau descriptif

Attention : Obstacles lors du passage avec les nombres décimaux. Ne pas comprendre pourquoi on ajoute un zéro dans le cas des entiers.
Objectifs
• Construire les faits numériques de la multiplication (0 × 0 à 10 × 10) et les divisions correspondantes à l'aide de matériel, de dessins, d'une grille ou d'une table.
Intentions de l'enseignant
• Faire comprendre pourquoi on ajoute un zéro dans la table du 10 (extensible à la table du 100, 1 000…).   • Faire construire la régularité à partir de situations qui traduisent la multiplication par 10.
Connaissances préalables de l'élève
L'élève doit :   • Avoir travaillé les bonds de 10.   • Avoir travaillé le lien entre l'addition répétée et la multiplication.
Temps à prévoir pour la ou les activités
• Une période pour l'activité et un réinvestissement sans le matériel sous forme de calcul mental.
Mode de fonctionnement et matériel requis
• Des sacs vides (idéalement transparents pour que les élèves voient bien le nombre de macaronis).   • Un grand bol.   • Des macaronis (ou autres).   • Des sacs déjà préparés : 10 de quatre macaronis et 10 de cinq macaronis. En faire plus selon le même principe s'il y a toujours incompréhension de l'ajout du zéro.
Propos d'enseignants ayant expérimenté l'activité
• Les élèves comprennent davantage d'où vient le 0. Le fait qu'ils aient manipulé rend le truc plus concret.   • Il nous semble plus facile de montrer que l'ajout d'un zéro ne fonctionne pas avec les nombres décimaux parce qu'on circonscrit l'ajout du zéro avec ces nombres.

4.2.2 Déroulement de l'activité

Phase de préparation

- Présenter un grand bol de macaronis.
- Pour savoir combien il y en a, inviter les élèves à faire des sacs de 10 macaronis pour faciliter le décompte.
- Une fois tous les sacs faits, inviter les élèves à tour de rôle à venir déposer leur sac de 10 macaronis dans un bol.
- Après chaque sac déposé, noter au tableau le nombre de paquets de 10 (colonne 1) et le nombre de macaronis que ça donne (colonne 2).

! Noter le nombre de paquets dans une première colonne et le nombre de macaronis dans une deuxième permet d'organiser les données afin de faciliter les observations et la déduction de la régularité par les élèves.

- Faire émerger ce qui revient d'un exemple à l'autre, c'est-à-dire des bonds de 10 au nombre total de bonbons après chaque ajout d'un sac.
    - Questions clés :
        - Qu'est-il possible d'observer après l'ajout d'un sac ?
        - Quel lien y a-t-il entre les deux colonnes ?

Phase de réalisation

- Amener les élèves à comprendre que x paquets de 10 macaronis est une multiplication de x par 10 pour trouver le nombre total de macaronis.
    - Exemple :
        - 2 paquets de 10 macaronis = 2 × 10 = 20 macaronis.
- Questionner les élèves sur ce qu'ils remarquent d'une multiplication à l'autre, sur ce qui est constant.
    - Exemple de réponse attendue :
        - Quand je multiplie par 10, j'ajoute un 0.
- Afin de poursuivre l'observation et de confirmer ou d'infirmer les observations, amenez les élèves à faire des sacs de x macaronis.
    - Exemple :
        - Observer le résultat de 10 sacs de 4 macaronis, 10 sacs de 5 macaronis, etc. (Ces sacs auront été préparés auparavant [voir liste du matériel]).
- Amener les élèves à faire le lien entre les deux formes de représentation.
    - Questions clés :
        - Qu'est-ce qu'on observe ?
        - Qu'est-ce qui revient ?
        - Qu'est-ce qu'on remarque entre les deux façons de faire des sacs de macaronis ?

Ajout d'un zéro lors d'une multiplication d'un nombre naturel par 10 — 4

! Dans cette phase de réalisation, les différentes manipulations peuvent également servir de prémisses pour aborder la commutativité de la multiplication, en mettant en évidence qu'une multiplication peut s'inscrire de deux façons différentes.

Exemple :

- 2 × 10 = 20 macaronis
- 10 × 2 = 20 macaronis

Phase d'objectivation

- Revenir sur la régularité qui a été trouvée et mettre en évidence les observations des élèves qui ont permis de la déduire.
- Proposer d'autres exemples hors contexte et amener les élèves à généraliser.
    - Questions clés :
        - ▶ Si je fais 34 × 10, qu'est-ce que cela va donner?
        - ▶ Est-ce que cela fonctionne toujours? Pour tous les nombres?

Pistes de réinvestissement

- Travailler les tables dont un multiplicateur ou un multiplicande[1] est 10 en utilisant le calcul mental.
- Travailler × 100 et × 1 000 à l'aide d'une autre activité similaire faisant découvrir les différentes régularités.
- Travailler les conversions de mesures avec des nombres naturels en lien avec l'objectif de l'activité (accroissements seulement/multiples de 10).
- Refaire l'activité avec les nombres décimaux en utilisant par exemple 10 sacs au coût de 4,50 $ chacun.
- Refaire l'activité avec les nombres décimaux en utilisant par exemple 100 sacs au coût de 84,50 $ chacun.
- Refaire l'activité avec les nombres décimaux en utilisant par exemple 10 ou 100 sacs en variant les coûts des sacs.
- Utiliser d'autres contextes.

---

[1] Dans la disposition d'une opération de multiplication, le multiplicande est le premier terme de la multiplication et le multiplicateur le second. Par exemple, dans la multiplication 3 × 4, 3 est le multiplicande et 4 est le multiplicateur.

4.2.3 Fiche de l'élève de l'activité

Nom : _____

Truc 5 | Mettre un 0 à la 2ᵉ ligne lorsque tu multiplies deux nombres à deux chiffres

3ᵉ cycle

5 Les trucs mathématiques au primaire

5.1 Quelques repères mathématiques et didactiques

Ce truc exploite différents contenus visés par le programme du primaire. Par exemple, nous traitons par le biais de l'explication de ce truc des principes et des propriétés du système de numération en base dix (échanges, groupements et valeur de position). Nous exploitons la décomposition des nombres naturels en base 10 et les propriétés de la multiplication telles que :

- la distributivité de la multiplication par rapport à l'addition [A × (B + C) = (A × B) + (A × C)], et la commutativité de l'addition. La propriété (Lorsqu'un nombre naturel est multiplié par 10, il suffit de mettre 0 à droite du chiffre du nombre (ex. : 13 × 10 = 130)) associée à la distributivité expliquerait en partie le truc 5.

5.1.1 Y a-t-il un contre-exemple ?

La question qui se pose est donc, avec la numération en base dix et les propriétés évoquées ci-dessus : pouvons-nous obtenir un résultat autre que 0 à la position des unités lorsque nous multiplions par un certain nombre de dizaines ?

Le même raisonnement s'applique pour les autres lignes de l'algorithme et donc pour les autres groupements de la numération en base dix : à la troisième ligne de l'algorithme, nous retrouvons les produits partiels de la multiplication d'un certain nombre de centaines; alors quelle valeur pouvons-nous obtenir pour les unités et les dizaines ?

En base 10 et eu égard à ces propriétés, on ne peut obtenir un autre résultat.

Avant de généraliser, donnons un exemple :

$$\begin{array}{r} 56 \\ \times\, 24 \\ \hline \end{array}$$

Cette opération effectuée en ligne se traduit comme ci-dessous :

$(10 \times 5 + 6) \times (10 \times 2 + 4)$
$= (10 \times 5 + 6) \times 4 + (10 \times 5 + 6) \times 10 \times 2$
$= [(10 \times 5 + 6) \times 4] + [(10 \times 5 + 6)] \times 2 \times 10$
$= [56 \times 4] + [56 \times 2] \times 10$
$= [224] + [112] \times 10$
$= [224] + [1\,120]$
$= 1\,344$

Il est donc possible d'écrire en colonne :

$(10 \times 5 + 6)$	$(10 \times 5 + 6)$	56
$\times\,(10 \times 2 + 4)$	$\times\,(10 \times 2 + 4)$	$\times\,24$
$(10 \times 5 + 6) \times 4$	224	224
$+\,(10 \times 5 + 6) \times 10 \times 2$	1 120	1 120
Ce qui donne :	1 344	1 344

Pour généraliser, nous partons de la multiplication en colonne avec les termes écrits de la façon suivante où le multiplicande est un nombre à deux chiffres et le multiplicateur un nombre à deux chiffres également.

$$\begin{array}{r} xy \\ \times\, ab \\ \hline \end{array}$$

Il est donc possible d'écrire sous une autre forme :

$$\begin{array}{r} (10x + y) \\ \times\, (10a + b) \\ \hline \end{array}$$

Le développement en ligne fait ressortir les éléments sur lesquels repose la démonstration. Elle s'explique par le biais des transformations suivantes :

$$\begin{aligned} &(10x + y) \times (10a + b) \\ &= (10x + y) \times b + (10x + y) \times 10 \times a \\ &= (10x + y) \times b + (10x + y) \times a \times 10 \\ &= [(10x + y) \times b] + [(10xa + ya)] \times 10 \end{aligned}$$

Dans le cas de l'exécution de l'algorithme conventionnel en colonne, les produits partiels sont les résultats des calculs qui sont entre les crochets dans le développement en ligne ci-dessus. Cette écriture permet de jouer sur la position des 0 du « × 10 » qui se retrouve à la deuxième ligne lorsque l'on exécute l'algorithme en colonne (C'est en fait la valeur de cette expression : $[(10xa + ya)] \times 10$). Outre ce contenu mathématique, l'explication demande un raisonnement de généralisation afin de mettre en évidence les caractéristiques de notre système de numération. À ce propos, cette écriture peut se généraliser à n'importe quel nombre naturel de plus de deux chiffres. Il apparaîtra dans le développement « × 100 », « × 1 000 », etc., précédé d'un facteur qui est généré par les paramètres des nombres en jeu.

5.2 Activité : La multiplication selon deux manières (à la recherche de régularités)
3ᵉ cycle

5.2.1 Tableau descriptif

Attention : Ne pas comprendre pourquoi on ajoute un 0 à la position des unités dans le deuxième produit partiel.

Ne pas comprendre que le 2ᵉ chiffre du multiplicateur représente des dizaines.

Objectifs

- À l'aide de processus conventionnels, déterminer le produit d'un nombre naturel à 3 chiffres* par un nombre naturel à 2 chiffres.

* Bien que l'activité présentée ici ne comporte que des multiplicandes à 2 chiffres, il est possible d'adapter l'activité pour des multiplicandes 3 chiffres.

Intentions de l'enseignant

- Comprendre d'où vient le chiffre 0 dans l'algorithme de la multiplication.

5 Les trucs mathématiques au primaire

Connaissances préalables de l'élève

L'élève doit :

- Avoir vu la régularité de la multiplication par 10 (voir Activité : La multiplication des macaronis).
- Avoir fait plusieurs calculs par décomposition du multiplicateur.
- Avoir vu les propriétés des opérations (commutativité de l'addition et distributivité de la multiplication sur l'addition) 34 × (10 + 2) = 34 × (2 + 10) = 34 × 2 + 34 × 10 (Activité : Les égalités en équilibre).
- Avoir fait des multiplications de nombres à au moins deux chiffres par des nombres à au moins 1 chiffre.

Temps à prévoir pour la ou les activités

- Chaque phase peut être répétée plusieurs fois sous forme de capsules.

Mode de fonctionnement et matériel requis

- 2 types de fiches avec multiplications :
    1. Méthode : par décomposition (une par élève).
    2. Méthode : Algorithme conventionnel (une par élève).

Propos d'enseignants ayant expérimenté l'activité

- Cette année, le fait d'avoir passé par la décomposition a donné de très bons résultats et rapidement en plus.
- Le fait d'avoir travaillé le × 10 dans les tables a aussi facilité cette activité.
- Pour certains élèves, la mise en relation des 2 méthodes pour faire la multiplication a permis de mieux comprendre que dans 32 × 15 le 1 × 2 de l'algorithme conventionnel devenait 10 × 2.

5.2.2 Déroulement de l'activité

Phase de préparation

- Écrire les multiplications suivantes au tableau :
  a) 34 × 12
  b) 34 × 13
  c) 34 × 16

- Demander aux élèves de les résoudre en décomposant le multiplicateur.
    - Exemples de démarches attendues :

  a) 34 × 12
     34 × (2 + 10)
     34 × 2 = 68
     34 × 10 = 340
     —————
     68 + 340 = 408

  b) 34 × 13
     34 × (3 + 10)
     34 × 3 = 102
     34 × 10 = 340
     —————
     102 + 340 = 442

  c) 34 × 16
     34 × (6 + 10)
     34 × 6 = 204
     34 × 10 = 340
     —————
     204 + 340 = 544

Mettre un 0 à la 2ᵉ ligne lorsque tu multiplies deux nombres à deux chiffres

! L'élève pourrait aussi décomposer 12, 13 ou 16 de la façon suivante : (10 + 2), (10 + 3) ou (10 + 6). Mettre en évidence la commutativité de l'addition pour privilégier (2 + 10), (3 + 10) et (6 + 10) afin de faciliter le lien avec l'algorithme conventionnel.

- Mettre en évidence ce qui est commun aux trois multiplications.
    - Questions clés :
        - Quand j'observe les nombres issus de mes calculs, qu'est-ce qui revient constamment?
        - Pourquoi?

! Dans les trois cas, s'attendre à ce que l'élève qui a décomposé le multiplicateur se retrouve avec 34 × 10 qui est égal à 340. Le zéro du nombre 340 fait référence au 0 qui se retrouve à la 2ᵉ ligne à la position des unités lorsqu'on effectue l'algorithme conventionnel provenant de la multiplication par 10.

- Distribuer la première fiche aux élèves comportant des multiplications à effectuer en décomposant le multiplicateur (fiche 1 de l'élève) et leur laisser du temps pour la compléter.
- Mettre en évidence ce qui est commun aux quatre multiplications.
    - Question clé :
        - Que remarques-tu dans l'ensemble des multiplications réalisées?
    - Exemple de réponse attendue :
        - Présence d'un multiple de 10 dans le 2ᵉ terme de la somme finale :

            48 × 11 = 48 × (1 + 10) = 48 × 1 + 48 × 10 = 48 + 48**0** = 528
            53 × 13 = 53 × (3 + 10) = 53 × 3 + 53 × 10 = 159 + 53**0** = 689

! Difficulté à utiliser convenablement les propriétés (commutativité de l'addition et distributivité de la multiplication sur l'addition) afin de mettre en évidence le 1ᵉʳ produit partiel et le 2ᵉ produit partiel « décalé ».

! Difficulté à faire le lien entre la décomposition du multiplicateur et le 0 à la 2ᵉ ligne dans l'algorithme conventionnel.

Solution possible

Montrer que lorsqu'on « décale » le 2ᵉ produit dans l'algorithme conventionnel, cela correspond à multiplier par 10, car on est à la position des dizaines.

Phase de réalisation

- Écrire cet exemple au tableau :

    $$\begin{array}{r} 34 \\ \times\, 12 \\ \hline \end{array}$$

- Le faire exécuter par un élève[1] en silence avec l'algorithme conventionnel :
    - Si possible, enregistrer la démarche sur un TNI pour la rediffuser en boucle.

---

[1] Si l'algorithme conventionnel de la multiplication d'un multiplicande à 2 chiffres par un multiplicateur à 2 chiffres n'a pas encore été vu, faire venir un élève expérimenté (6e année) pour cette portion d'activité.

> L'intention derrière la visualisation en boucle est de faire observer par les autres élèves l'apparition du 0 à la 2e ligne et ainsi faire le lien avec la multiplication par 10 provenant de la décomposition du multiplicateur.

- Amener les élèves à faire des liens entre les deux méthodes de multiplication.
    - Questions clés :
        - À l'aide de ce que tu as fait en décomposition et de ce que tu as vu, est-ce que tu peux faire la multiplication avec l'algorithme conventionnel comme on a fait pour les multiplications à un chiffre?
        - Comment faisais-tu pour multiplier avec la décomposition?
        - Comment faisais-tu pour multiplier avec l'algorithme conventionnel?
        - Dans quel ordre multipliais-tu les chiffres lorsque tu le faisais par décomposition, puis avec l'algorithme?
- Faire réaliser les mêmes multiplications faites par décomposition, mais cette fois-ci avec l'algorithme conventionnel (fiche 2 de l'élève).

Phase d'objectivation

- Faire verbaliser et récapituler les liens qu'il y a entre les deux méthodes. Revenir sur la présence du 0 à la 2e ligne et surtout sur la raison de sa présence.

Pistes de réinvestissement

- Faire réaliser des multiplications avec un multiplicateur contenant un chiffre plus grand que 1 à la position des dizaines (2, 3 ou plus).
- Faire compléter quelques opérations à trous.
    - Exemples[2] :
        - 15 × 2* = 45 + *** = ***
        - *3 × 15 = ** + 15* = ***
    - Défi :
        - 15 × *3 = ** + *5* = *** (plusieurs réponses possibles)

---

[2] Les (*) représentent les chiffres qu'il faut trouver pour compléter les égalités.

5.2.3 Fiche 1 de l'élève de l'activité

Nom : _____

Effectue chaque multiplication (en ligne) en décomposant le multiplicateur.

a) 48 × 11 =

b) 53 × 13 =

c) 67 × 14 =

d) 75 × 18 =

5.2.4 Fiche 2 de l'élève de l'activité

Nom : _____

Effectue les multiplications suivantes à l'aide de l'algorithme conventionnel.

48 × 11	53 × 13
67 × 14	75 × 18

1 243
× 1 356

Truc 6 | Fois 2, fois 2 pour trouver les fractions équivalentes

Concept de fractions

2ᵉ et 3ᵉ cycles

6 Les trucs mathématiques au primaire

6.1 Quelques repères mathématiques et didactiques

6.1.1 Sens de la fraction

Des travaux en didactique des mathématiques ont été réalisés sur les fractions afin de cerner les difficultés liées à son apprentissage et mettent en évidence certains sens des fractions qui sont plus utilisés par les élèves (partie d'un tout), tandis que d'autres le sont moins (opérateur) et que d'autres encore sont souvent incompris (rapport). Au-delà des conclusions des travaux, les fractions sont au primaire, au secondaire et même à l'université, une notion dont l'enseignement et l'apprentissage restent ardus, autant pour les enseignants que pour les apprenants.

L'analyse didactique des diverses composantes du concept de nombre rationnel effectuée par plusieurs chercheurs met en évidence des interprétations en ce qui concerne le sens des fractions. Cinq façons différentes d'interpréter le nombre rationnel (Kieren, 1976, 1980, 1988). Les fractions sont des nombres nouveaux pour les élèves du primaire. Conceptuellement, elles prennent différents sens : partie d'un tout, opérateur, mesure, rapport et quotient (Poirier, 2001).

6.1.2 Fraction « partie d'un tout »

Dans l'interprétation *partie d'un tout*, la fraction $\frac{a}{b}$, est utilisée pour quantifier une relation entre un tout et un nombre désigné de parties. Ainsi, dans la fraction $\frac{a}{b}$, on reconnaît qu'un tout a été partagé en b parties égales et qu'on a réuni a parties.

Exemple : la fraction $\frac{3}{100}$ représente trois parties égales sur 100 parties au total d'une quantité continue (longueur, formes géométriques) ou discrète (collection).

Cette interprétation de la fraction permet d'aborder l'équivalence des fractions. Deux fractions sont équivalentes si elles représentent la même surface d'un tout ou le même sous-ensemble d'une collection.

6.1.3 Fraction « rapport »

- Le rapport est une fraction utilisée pour représenter la relation qui existe entre deux quantités $\frac{N_1}{N_2}$. La notion de proportion découle de cette interprétation.

Ainsi, lorsque l'on compare deux rapports égaux, on dira habituellement qu'ils sont égaux en proportion.

6.1.4 Fraction « quotient » ou « résultat d'une division »

- L'interprétation de la fraction en tant que résultat d'une division est fort utile; grâce à cette interprétation, on peut dire que $\frac{8}{4}$ est équivalent à 2, tout comme $\frac{1}{2}$ l'est à 0,5. Dans ce contexte, la notation fractionnaire $\frac{a}{b}$ est utilisée pour représenter le résultat de a divisé par b, c'est-à-dire, le résultat d'équations linéaires du type $b \times x = a$.

6.1.5 Fraction « opérateur »

L'interprétation « opérateur » de la fraction permet de considérer la fraction comme une fonction. Il est ainsi possible :

1. de construire des images d'une figure géométrique par des homothéties, modifiant alors uniquement les mesures de ces figures (agrandissement en appliquant l'opérateur $\frac{p}{q}$ à chacune des mesures, p étant plus grand que q; réduction en appliquant encore l'opérateur $\frac{p}{q}$ à chacune des mesures, p étant cette fois-ci plus petit que q).

2. de construire des collections diverses en transformant une collection originale (accroissement ou réduction de la taille d'une collection par des applications équivalentes à celles décrites précédemment pour les figures géométriques).

Par exemple, avec cette interprétation, on peut dire que j'ai un triangle rectangle dont les cathètes[1] mesurent 6 cm et 8 cm. Je fais un agrandissement de $\frac{3}{2}$. Combien mesure l'hypoténuse de mon nouveau triangle? Elle mesure 15 cm.

6.1.6 Fraction « Mesure »

Concevoir la fraction comme une mesure suppose l'existence d'une unité de mesure. Ainsi, la fraction $\frac{3}{4}$ serait le résultat de l'itération de la fraction unité $\frac{1}{4}$; $\frac{3}{4}$ serait donc $\frac{1}{4} + \frac{1}{4} + \frac{1}{4}$.

Cette interprétation de la fraction comporte plusieurs avantages. Elle nous permet de considérer toutes les fractions comme le résultat d'une mesure ou comme le résultat d'opérations sur une fraction « mesure ». Par exemple,

- ▶ si $\frac{1}{3}$ est l'unité, alors 6 fois $\frac{1}{3}$ représente $\frac{6}{3}$ ou 2

- ▶ si $\frac{1}{5}$ est l'unité, alors $\frac{1}{5} / 2$ égale $\frac{1}{10}$.

---

[1] Dans un triangle rectangle, les cathètes sont les deux côtés qui forment l'angle droit.

La construction de la fraction-mesure oblige également à une modification de l'interprétation du référent privilégié que constituait le tout dans la compréhension initiale de la fraction-quantité. Dans la fraction-mesure, une des mesures est considérée comme un référent; ce référent, contrairement au tout envisagé dans une première représentation de la fraction-quantité, n'est pas déterminé par une matérialisation usuelle, voire obligée, d'un objet (ex : un gâteau), mais, est plutôt fixé ou choisi, selon la nature des relations en cause.

La construction de la fraction-mesure constitue un outil important et naturel pour se représenter l'addition de fractions. Par exemple, l'addition de $\frac{4}{8}$ à $\frac{3}{8}$ est alors envisagée par l'ajout de la fraction unité $\frac{1}{8}$: $\frac{3}{8}+\frac{4}{8}$:

$$\Rightarrow \frac{3}{8}, \frac{4}{8}, \frac{5}{8}, \frac{6}{8}, \frac{7}{8}$$

La plupart des supports qui sont utilisés forcent à un glissement sur le sens *partie d'un tout* reléguant au second plan les autres sens. De plus, les sens qui doivent être travaillés ne sont pas compris. Les fractions sont considérées comme des nombres difficiles d'accès. Or, chacun de ces sens est utile pour comprendre la notion de fraction. Une même situation peut faire appel à plus d'une interprétation de la fraction. C'est la coordination et l'intégration de ces différents sens qui mènent à la compréhension de la notion de fraction.

6.1.7 Développement de la notion de fraction

Le développement de la notion de fraction chez l'enfant évolue selon trois niveaux de compréhension (Desjardins et Hétu, 1974) :

- Premier niveau – (jusqu'à 7-8 ans) : Niveau des pré-fractions

- Deuxième niveau – (9-10 ans) : Niveau fraction-quantité

- Troisième niveau – (10-11 ans) : Niveau fraction-relation

L'enseignement des fractions se fait souvent sous trois formes de représentations (collections, surface, soit différentes formes géométriques, et longueur) à l'aide des réglettes, des blocs modèles, des mosaïques, des supports circulaires, des pliages, etc. Une attention particulière doit être portée aux représentations utilisées en classe puisqu'elles travaillent souvent le sens de la fraction partie d'un tout, alors qu'il y a d'autres sens à travailler. Une fraction est une classe d'équivalence d'une relation d'équivalence (réflexivité, la symétrie et la transitivité).

6.1.8 Fractions équivalentes

Dans la perspective de mettre en évidence des fractions équivalentes, l'accent n'est pas toujours mis sur la relation d'équivalence qui explique le fait qu'une fraction n'est que le représentant d'une famille de fractions. En enseignement, on se contente de produire des fractions équivalentes plutôt que de travailler cette relation. Aussi, il ne faut pas oublier que pour traiter l'équivalence, il n'y a pas seulement l'amplification de fractions, comme passer de $\frac{2}{3}$ à $\frac{4}{6}$, mais il y aussi la réduction de fractions.

6.2 Activité : À la recherche de fractions équivalentes (faire autrement)
2ᵉ et 3ᵉ cycles

6.2.1 Tableau descriptif

Attention : Ne pas voir que $\frac{6}{9}$ est équivalent à $\frac{2}{3}$.
Objectifs
• Construire un ensemble de fractions équivalentes.
Intentions de l'enseignant
• Chercher les différentes fractions qu'il est possible d'exprimer avec une même collection si on la double, la triple…   • Faire ressortir qu'une fraction équivalente à une autre est obtenue en multipliant le numérateur et le dénominateur par le même nombre, qui n'est pas toujours 2.
Connaissances préalables de l'élève
L'élève doit :   • Être capable de représenter (ou d'illustrer) une fraction (tout* et collection**).   * Contexte continu.   ** Contexte discret.
Temps à prévoir pour la ou les activités
• Chaque phase devrait être réalisée en plusieurs capsules.
Mode de fonctionnement et matériel requis
• Jetons de deux couleurs.   • Fiche de l'activité*.   * Voir p. 69.

> **Propos d'enseignants ayant expérimenté l'activité**
>
> - Il est plus difficile de travailler les fractions équivalentes à travers un contexte discret (collection), d'où la pertinence de ce type d'activité. En effet, entre les situations équivalentes, on ne peut simplement comparer des quantités, on doit plutôt être dans une approche relationnelle.
> - L'activité met en évidence la complexité du concept de fraction, cette activité fait une seule fois ne viendra donc pas à bout de clarifier la notion.
> - Les différents sens de la fraction (partie d'un tout et rapport) pourraient être utilisés par les élèves au moment d'exprimer une fraction à partir des jetons. Il faut donc être vigilant et s'assurer que le sens utilisé par les élèves est constant du début à la fin de l'activité.

6.2.2 Déroulement de l'activité

Phase de préparation

Disposer 4 jetons sur le bureau de chaque élève : 3 bleus et 1 rouge.

Demander aux élèves de trouver, dessiner et noter la fraction que chaque couleur de jetons représente par rapport à la collection[2] (ensemble des 4 jetons) en utilisant la première section de la fiche de l'élève.

Faire de même en proposant les situations suivantes (fiche de l'élève, sections suivantes) :

- Situation 1 :
    - Je double ma collection de départ, donc j'ai deux fois plus de jetons bleus et deux fois plus de jetons rouges. Quelle est maintenant la fraction pour chacune des couleurs par rapport à la nouvelle collection?

- Situation 2 :
    - Je triple ma collection de départ, donc j'ai trois fois plus de jetons bleus et trois fois plus de jetons rouges. Quelle est maintenant la fraction pour chacune des couleurs par rapport à la nouvelle collection?

- Situation 3 :
    - Quadrupler…

- Situation 4 :
    - Quintupler…

- …

---

[2] Le sens de la fraction privilégié ici est « partie d'un tout », mais l'activité pourrait tout aussi bien être réalisée avec le sens « rapport » (« partie sur partie »). Il suffit d'être constant dans le sens utilisé d'une fraction à l'autre.

Fois 2, fois 2 pour trouver les fractions équivalentes

Utiliser un vocabulaire n'induisant pas une addition. Privilégier les termes « fois plus ». Par exemple : « de plus », « j'ajoute », etc.

Phase de réalisation

Faire le point et dresser la liste des fractions équivalentes à $\frac{1}{4}$, c'est-à-dire celles qui font référence aux jetons rouges :

$$\frac{1}{4} = \frac{2}{8} = \frac{3}{12} = \frac{4}{16} = \frac{5}{20} = \ldots$$

Susciter la réflexion en groupe sur le concept de fractions équivalentes.

Question clé

- Pourquoi puis-je affirmer que toutes ces fractions sont équivalentes[3]?

En faisant référence aux dessins, il est possible de remarquer que les jetons rouges représentent toujours un paquet sur 4 paquets. Par exemple, quand la collection est doublée, cela signifie que $\frac{1}{4}$ (interprétation : 1 paquet sur 4) est équivalent à $\frac{2}{8}$ (interprétation : 2 éléments du paquet sur les 8). C'est donc cette double perspective qui permet d'établir que les fractions sont équivalentes.

Procéder de la même façon pour les jetons bleus (fractions équivalentes à $\frac{3}{4}$) et pour d'autres fractions au besoin.

Faire le lien entre les fractions équivalentes et l'amplification.

Mettre en évidence qu'une même fraction peut être représentée par une infinité de fractions (relation d'équivalence entre différentes fractions).

Phase d'objectivation

Faire émerger comment retrouver des fractions équivalentes.

Questions clés

- Comment peut-on trouver $\frac{2}{8}$ à partir de $\frac{1}{4}$?
- Comment peut-on trouver $\frac{3}{12}$ à partir de $\frac{1}{4}$?
- Qu'observe-t-on au dénominateur?
- Qu'observe-t-on au numérateur?

Pour trouver $\frac{2}{8}$ à partir de $\frac{1}{4}$, il faut passer par l'amplification, c'est-à-dire multiplier le numérateur et le dénominateur par le même nombre, soit 2 dans ce cas-ci. Pour trouver $\frac{3}{12}$ à partir d'$\frac{1}{4}$, il faut amplifier en multipliant le numérateur et le dénominateur par 3.

---

[3] Au besoin expliquer aux élèves ce qu'« équivalent » veut dire quand on fait référence à des fractions.
Une fraction est un représentant d'une famille de fractions. Toutes les fractions de la famille sont équivalentes.

Pistes de réinvestissement

Proposer d'autres fractions (sans utiliser les jetons) et trouver des fractions équivalentes.

À partir de fractions réductibles, les simplifier pour trouver des fractions équivalentes. Mettre en évidence la division du numérateur et du dénominateur par le même nombre lors de la simplification.

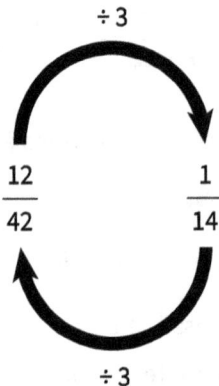

Faire des suites de fractions équivalentes à compléter :

- Structure multiplicative à partir du premier terme : toutes les fractions équivalentes peuvent être trouvées en amplifiant le premier terme :

$$\frac{?}{3}=\frac{2}{?}=\frac{?}{9}=\frac{4}{12}=\frac{?}{15}=\ldots$$

- Structure multiplicative successive : les fractions équivalentes peuvent être trouvées en amplifiant la fraction précédente dans la suite, sans nécessairement faire référence à la première :

$$\frac{2}{3}=\frac{4}{?}=\frac{?}{30}=\frac{?}{90}=\ldots$$

Faire réaliser des additions et des soustractions de fractions en exigeant que le terme manquant soit représenté par une fraction irréductible.

Exemples

- $\frac{1}{4}+\frac{6}{8}=?$
- $?-\frac{2}{6}=\frac{6}{6}$

Fois 2, fois 2 pour trouver les fractions équivalentes

6.2.3 Fiche de l'élève de l'activité

Nom : _____

Complète le tableau ci-dessous.

Au départ :	Nombre de jetons bleus : 3		Nombre de jetons rouges : 1	
	Dessin de la fraction	Fraction	Dessin de la fraction	Fraction
Situation 1 : Doubler	Nombre de jetons bleus :		Nombre de jetons rouges :	
	Dessin de la fraction	Fraction	Dessin de la fraction	Fraction
Situation 2 : Tripler	Nombre de jetons bleus :		Nombre de jetons rouges :	
	Dessin de la fraction	Fraction	Dessin de la fraction	Fraction
Situation 3 : Quadrupler	Nombre de jetons bleus :		Nombre de jetons rouges :	
	Dessin de la fraction	Fraction	Dessin de la fraction	Fraction
Situation 4 : Quintupler	Nombre de jetons bleus :		Nombre de jetons rouges :	
	Dessin de la fraction	Fraction	Dessin de la fraction	Fraction

Partie 2 : Géométrie

Truc 7 | La base d'un solide est la face sur laquelle il est déposé

Concept de solide

1er et 2e cycles

7 Les trucs mathématiques au primaire

7.1 Quelques repères mathématiques et didactiques

7.1.1 Les bases de la boîte de mouchoirs

L'exemple qui vient ébranler les certitudes est la boîte de mouchoirs, un prisme à base rectangulaire qui possède 6 faces rectangulaires parallèles 2 à 2. Toutes les faces sont des bases potentielles. Voici les questions qui ont surgi : « *Quelle est la base d'un prisme à base rectangulaire? On prend la boîte dans les mains, quelle est la base? Quel est le nom de ce prisme? Peut-il avoir deux noms? Quelle est la convention?* »

La propriété retenue et qui a fait consensus est : « Dans un prisme, les bases doivent être parallèles 2 à 2. Elles doivent avoir la même forme et doivent être isométriques. Dans le cas des prismes droits, un cas particulier de prismes, les deux bases doivent être des polygones et les faces latérales des rectangles. »

7.1.2 Espace de validation

Cette activité a permis aux participants de prendre conscience du recours aux TM sans avoir réfléchi sur la « face cachée » des TM. Pour certains enseignants, quand on enlève la manipulation, c'est la compréhension et la création de sens qui deviennent un problème.

Selon leur expérience, il semble difficile de défaire les trucs avec les plus vieux. Mais, quand nous enlevons la manipulation, il est possible d'approfondir la conceptualisation de ce qu'est une base. L'intérêt des concepts géométriques ne réside pas dans leur identification visuelle, mais bien dans leurs propriétés conceptuelles et géométriques : le concept de base renvoie à des propriétés spécifiques des solides et permet leur classification, comparaison et analyse.

Ainsi, en lien avec l'espace de validation, cette activité représente un exemple type des activités qui sont aux croisés de l'espace physique et l'espace géométrique : les élèves peuvent voir concrètement ce qu'est une base (espace physique), mais ils doivent se fier à la définition de cette dernière pour valider leur réponse (espace géométrique).

7.1.3 Développement des images mentales des solides et de leurs bases associées

Un choix important a été réalisé par l'équipe de travail ici et il s'agit de faire manipuler les solides aux élèves en fermant les yeux. Cette variable didactique permet aux élèves de développer leurs images mentales des solides et de les manipuler mentalement pour repérer leurs bases et identifier leurs propriétés. Il est possible de le faire aussi en insérant les solides dans une boîte ou encore de leur fournir simplement une description écrite du solide (Marchand et Bisson, 2017).

7.1.4 La grandeur de l'espace

Un autre choix réalisé pour cette activité a été de cibler le micro-espace comme espace de travail, soit l'espace des petits objets. Par contre, le méso-espace, soit l'espace de la classe, en prenant la classe comme solide aurait pu également être une option pertinente à exploiter.

7.2 Activité : La boîte à surprise (faire autrement)
1er et 2e cycles

7.2.1 Tableau descriptif

Attention : Ne pas savoir caractériser* une base**.

* Par exemple, si un prisme à base triangulaire ou une pyramide est déposé sur le côté, croire que cette surface est la base. Autre exemple : ne pas reconnaître que chaque face d'un prisme droit à base rectangulaire est une base.

** Base dans un solide : Face particulière d'un solide identifiée à des fins de mesure ou de définition. https://lexique.netmath.ca

Objectifs

2e cycle :

- Décrire des prismes* et des pyramides** à l'aide de faces, de sommets et d'arêtes.
- Identifier et construire des droites parallèles et des droites perpendiculaires.
- Classifier des prismes et des pyramides.

* Prisme : Polyèdre limité par deux polygones parallèles et isométriques, appelés les bases du prisme, et joints par des parallélogrammes formant la surface latérale du prisme. Dans le cas des prismes droits, toutes les faces latérales sont des rectangles. https://lexique.netmath.ca

** Pyramide : Solide limité par un polygone appelé la base et par au moins trois triangles appelés faces latérales qui se rejoignent en un même point appelé l'apex de la pyramide. https://lexique.netmath.ca

Intentions de l'enseignant

- Décrire et identifier un solide avec le bon vocabulaire mathématique en géométrie.

Connaissances préalables de l'élève

L'élève doit :

2e cycle

- Connaître les figures planes pour être capable de décrire les solides.
- Être capable de distinguer une face, un sommet et une arête.
- Être capable d'identifier des droites parallèles.

Temps à prévoir pour la ou les activités

- Une période ou plusieurs petites capsules.

Mode de fonctionnement et matériel requis

2e cycle

- Des solides au programme :
    - Boule, cône, cube, cylindre, prisme, pyramide.
- Une boîte pour contenir tous les solides.

7 Les trucs mathématiques au primaire

Propos d'enseignants ayant expérimenté l'activité

- Lorsque le vocabulaire géométrique (noms et caractéristiques des solides) est visuellement accessible pour tous, c'est plus facile pour les élèves d'utiliser les bons termes.
- Plusieurs notions ont été proposées dans cette activité, mais il est possible de cibler un thème par atelier et le vocabulaire qui y est associé. Par exemple, nommer les solides lors d'un premier atelier et travailler sur les lignes brisées et courbes lors d'un second.
- En dénombrant le nombre de faces, l'élève doit être capable de se faire une représentation mentale du solide et par la suite l'intérioriser, ce qui peut en faciliter la description et l'identification des bases.

7.2.2 Déroulement de l'activité

Phase de préparation

- Faire un survol des différents solides au programme.
- En placer plusieurs dans une boîte.
- Suggestion : Laisser des indices sans donner les réponses.

Phase de réalisation

Utiliser les termes appropriés et justes du vocabulaire lors de la description du solide.

Solutions possibles

- Laisser le temps à l'élève pour évoquer.
- Demander à un élève de fermer les yeux, de choisir un solide dans la boîte et de le décrire en gardant les yeux fermés :
    - Donner le nom de chaque face et le nombre de faces identiques.
    - Identifier le type de solide :
        - Cube, prisme, pyramide, boule, cône ou cylindre.
    - Décrire d'autres aspects du solide :
        - Surfaces courbes versus surfaces planes.
        - Lignes courbes versus lignes brisées.
    - Questions clés pendant la manipulation :
        - Décris ce que tu sens et ce que tu vois dans ta tête.
        - Peux-tu identifier les faces? Justifie.
        - Décris-moi les attributs du solide (lignes courbes ou brisées, nombre de faces, etc.).
        - Quelles sont tes stratégies pour identifier le solide et compter le bon nombre de faces?
        - Identifie s'il y a des faces parallèles.

- ▶ Identifie la ou les bases pour chaque pyramide ou chaque prisme.
- ▶ Peux-tu identifier le solide? Justifie.
- ▶ Qu'est-ce qui t'aide à l'identifier?
- ▶ Peux-tu dire s'il s'agit d'un prisme et d'une pyramide ou d'un autre solide?
- ▶ Nomme le prisme ou la pyramide en précisant la base.

- Au besoin, demander aux autres élèves d'enrichir le vocabulaire afin de rendre la description plus précise.
- Préciser les caractéristiques au même moment où l'élève verbalise ce qu'il touche si un autre élève est incapable de le faire.
- Suggestion : Laisser des indices sans donner les réponses.

! Compter les yeux fermés le nombre de faces : Difficulté à identifier les yeux fermés la ou les bases.

Phase d'objectivation

- Revenir sur le vocabulaire employé, mais surtout sur le concept de base afin d'aller au-delà de la conception que celle-ci est la base sur laquelle le solide est déposé.

Questions clés

1. Que peux-tu me dire sur les pyramides?
2. Que peux-tu me dire sur les prismes?
3. Que peux-tu me dire sur les bases?
4. La base d'un solide change-t-elle selon la manière qu'il est déposé?

Une fois la discussion en grand groupe est réalisée, ou en parallèle, les élèves remplissent individuellement leur fiche (fiche de l'élève).

Pistes de réinvestissement

- Identifier des bases sur des objets de l'environnement.
- Introduire d'autres exemples dans lesquels la face sur laquelle repose le solide n'est pas la base.
- Réaliser les mêmes tâches décrites dans cette activité, mais les yeux ouverts à partir de dessins de solides en 2D.
- À partir de développement de solides, identifier les bases. Le matériel *Polydron* ou *Magformers* pourrait aider la visualisation.

7 Les trucs mathématiques au primaire

7.2.3 Fiche de l'élève de l'activité

Nom : _____

Questions	Dessin
1. Que peux-tu me dire sur les pyramides?	
2. Que peux-tu me dire sur les prismes?	
3. Que peux-tu me dire sur les bases?	
4. La base d'un solide change-t-elle selon la manière qu'il est déposé?	

Truc 8 | La symétrie divise une figure en deux parties égales

Concept de symétrie

1er et 2e cycles

8 Les trucs mathématiques au primaire

8.1 Quelques repères mathématiques et didactiques

8.1.1 Globalement

D'après les travaux de Piaget et d'autres chercheurs, les notions d'espace et de temps se construisent dès le plus jeune âge. La géométrie permet de décoder et de représenter l'environnement. Les activités de manipulation visent à la mise en place de différents concepts et de raisonnements mathématiques en passant du concret à l'abstrait.

« L'élève évoluera du concret par la manipulation et l'observation d'objets, vers l'abstrait par la création d'images mentales de figures et de leurs propriétés, en passant par différentes représentations. » (Gouvernement du Québec, 2009, p. 14). À l'école, il s'agit entre autres de construire l'espace, de manipuler, d'explorer des objets géométriques ou de construire l'esprit de géométrie par le biais de l'apprentissage du raisonnement déductif.

Ces apprentissages passent aussi par l'étude des transformations géométriques. L'usage du vocabulaire n'est pas prioritaire. C'est la situation qui doit rendre son intervention légitime et puis nécessaire. Il est conseillé de mettre en jeu l'élève et son entourage dans un cadre proche, immobile ou en mouvement : organiser l'espace.

8.1.2 Choix du support

Le Géoplan a ici été choisi comme support pour faciliter la construction des figures image, mais ce support limite les possibilités en lien avec le positionnement de l'axe de symétrie. D'autres supports comme la feuille quadrillée ou la feuille blanche pourraient être envisagés pour élargir les possibilités du positionnement de l'axe de symétrie. Bednarz et Poirier (2002)[1] proposent le « jeu de la capture » où les élèves en équipes de 2 sont amenés à capturer les figures de l'autre par symétrie : chaque équipe plie une feuille blanche en deux parties (le pli peut être vertical, en diagonal ou horizontal et les parties ne sont pas obligée d'être égales), chaque partie est attribuée à un élève et chacun y dessine quatre figures. Par la suite un élève inscrit un point, toujours dans sa partie, et par pliage, espère capturer une figure de l'autre élève. Ce déroulement se réalise à tour de rôle jusqu'à ce qu'un premier élève ait capturé les quatre figures de l'autre. D'autres supports peuvent également être utilisés pour traiter de la symétrie, comme les pochoirs qui permettent de construire des figures symétriques sans l'utilisation des instruments de mesure.

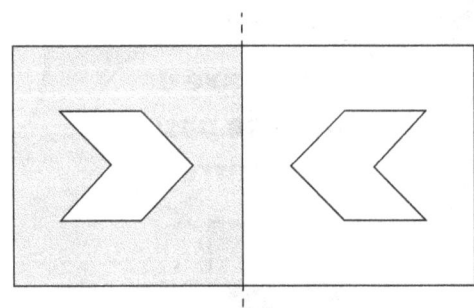

8.1.3 Choix de la tâche

Il est souvent demandé de dessiner ou de construire la figure image, mais d'autres tâches peuvent être envisagées comme proposer un dessin ou une construction à compléter (il manque une partie de la figure image ou de la figure initiale), proposer de retrouver l'axe de symétrie à partir des deux figures (initiale et image), proposer des contre-exemples de symétrie et demander aux élèves pourquoi les figures ne sont pas symétriques (ex. : la distance ou la perpendicularité par rapport à

---

[1] Bednarz, N. et Poirier, L. (2002). Banque de jeux pour l'apprentissage des mathématiques au primaire. Collection Astroïde, Modulo : Montréal.

l'axe n'est pas respectée, il manque une partie de la figure image, les mesures d'angles ou de côtés ne sont pas respectées ou encore la figure image a été obtenu à l'aide d'une autre transformation). Ainsi, au primaire l'accent devrait être davantage en lien avec la conceptualisation de la symétrie que l'emploi des instruments de mesure pour construire une figure symétrique ou afin de trouver les axes de symétrie de certaines figures. (Marchand et Bisson, 2017)

8.2 Activité : Symétrie dans le Géoplan (faire autrement)
1er et 2e cycles

8.2.1 Tableau descriptif

Attention : Interpréter la symétrie comme une transformation s'appliquant à une figure.

Croire qu'un axe de symétrie doit nécessairement être positionné à l'intérieur d'une figure.

Prendre pour acquis que les figures possèdent toujours un axe de symétrie.

Objectifs

1er cycle

- Se repérer et repérer des objets dans l'espace (relations spatiales).
- Comparer et construire des figures composées de lignes courbes fermées ou de lignes brisées fermées.

1er et 2e cycles

- Effectuer des activités de repérage dans un plan.
- *Note : La symétrie est vue à travers l'étude des frises et des dallages selon le programme du primaire actuel, mais ici nous voulions venir contrer un truc spécifique à cette transformation isométrique.*

Intentions de l'enseignant

- Développer le concept de symétrie.

Connaissances préalables de l'élève

L'élève doit :

1er et 2e cycles

- Connaître le nom et reconnaître la forme des figures planes.
- Utiliser et comprendre le vocabulaire relié aux relations spatiales (ex. : devant, derrière, à gauche, à droite, à l'intérieur, à l'extérieur, dessous, dessus, aligné avec…).

2e cycle

- Avoir étudié les polygones convexes et non convexes.
- Avoir étudié les quadrilatères (parallélisme, perpendicularité, angle droit, angle aigu, angle obtus, etc.).

Les trucs mathématiques au primaire

Temps à prévoir pour la ou les activités

- Une période.

Mode de fonctionnement et matériel requis

Par équipe :

- 1 géoplan*
- 3 élastiques de couleur

OU

- 2 feuilles quadrillées (en remplacement des géoplans)
- 1 miroir ou mira**

* Avantage : Plus le géoplan est grand et plus il y a de clous, plus il sera aisé de reproduire des formes. Pour agrandir la surface, il est aussi possible d'en coller deux.
Limite : Certains axes de symétrie en diagonale sont plus difficiles à reproduire parce que le clou où l'on doit placer le sommet de la forme n'existe pas.
** Permet de visualiser la symétrie entre deux objets face à face.

Propos d'enseignants ayant expérimenté l'activité

- Avec l'utilisation des géoplans, dans les premiers temps, utiliser un axe vertical et horizontal.
- Le fait d'avoir déplacé l'axe et d'avoir réalisé des exemples dans différentes formes de représentation peut aider à avoir une conception plus large de la symétrie (qui ne se résume pas seulement au cas où un axe de symétrie positionné au centre d'une figure symétrique divise celle-ci en deux parties égales).

8.2.2 Déroulement de l'activité

Phase de préparation

- Présenter un exemple avec le géoplan en plaçant une figure plane avec un seul élastique sur celui-ci.
- Former un axe de symétrie à l'aide d'un autre élastique sur le géoplan (voir exemple sur la photo ci-dessus).

! L'axe de symétrie n'est pas toujours au centre d'un géoplan :

- Demander à un élève de venir reproduire la figure plane en tenant compte de l'axe de symétrie.

! Difficulté avec la motricité fine, l'orientation spatiale et l'organisation.

Phase de réalisation

1er et 2e cycles

- Former des équipes de deux.
- Demander à un des coéquipiers de :
    - Former une figure plane avec un seul élastique sur un géoplan;
    - Former un axe de symétrie horizontal ou vertical;
    - Remettre le géoplan à l'autre coéquipier.
- Il doit reproduire la figure plane en respectant l'axe de symétrie.
- Le premier qui a produit la figure plane doit justifier la réussite ou non de la figure.
- Faire ressortir quelques caractéristiques de la symétrie.
- Questions clés pour l'enseignant :
    - Est-ce que les figures ont la même forme?
    - Est-ce qu'elles ont les mêmes dimensions?
    - Est-ce que les figures sont face à face comme dans un miroir?
    - Est-ce qu'elles sont à égale distance de l'axe de symétrie?
    - Est-ce que les figures sont à la même hauteur si l'axe de symétrie est vertical?
    - Si j'arrivais à plier mon géoplan, est-ce que ma forme initiale arriverait exactement sur l'autre?
- Échanger les rôles.

Variantes

- Déplacer l'axe de symétrie en conservant la figure initiale :
    - Réaliser les images;
    - Noter les observations et comparer avec la figure obtenue lorsque l'axe de symétrie était à l'extérieur de la figure.

- Donner des contraintes à propos de la figure initiale :
    - Exemple au 1er cycle :
        - ▶ Triangle, carré, etc.
    - Exemples au 2e cycle :
        - ▶ Triangle ayant un angle droit, quadrilatère non convexe, etc.

Phase d'objectivation

- Faire un retour sur les caractéristiques observées et travaillées concernant la symétrie.
- Questions clés :
    - Qu'as-tu observé lorsque tu reproduisais les figures?
    - Quelles stratégies as-tu utilisées?
    - Comment décrirais-tu la symétrie?
- Faire un exemple pour valider ou infirmer les caractéristiques qui ont émergé.

Pistes de réinvestissement

- Réaliser des symétries avec plusieurs figures planes simultanément.

- Réaliser des symétries avec des figures qui se chevauchent et/ou qui traversent l'axe de symétrie.

- Valoriser plusieurs types de stratégies (décomposition de la figure selon les différentes intersections).
- Réaliser des frises et dallages à l'aide de la réflexion.

La symétrie divise une figure en deux parties égales | **8**

8.2.3 Fiche de l'élève de l'activité

Nom : _____

	Dessin
1. Énonce quatre caractéristiques de la symétrie :	

2. Illustre deux contre-exemples de symétrie par rapport à cette figure :

Partie 3 : Mesure

Truc 9 | On déplace la virgule de un dans le tableau pour aller d'une unité à une autre

1er et 2e cycles

9 Les trucs mathématiques au primaire

> **Il est important de noter**
>
> L'activité présentée ici s'inscrit dans une progression plus large visant à mieux comprendre l'utilisation du tableau de conversion de mesure. (Éviter d'utiliser le truc du déplacement de la virgule et de l'ajout ou du retrait du zéro dans le tableau de conversion.) Il s'agit de lui donner du sens en faisant manipuler les unités de mesure de longueur et en amenant l'élève à créer des relations entre elles par le biais d'une séquence de plusieurs activités qui ont été répétées plusieurs fois. Voici la séquence d'apprentissage envisagée :
>
> - Construction d'un mètre en papier par les élèves et subdivision du mètre fabriqué (dm, cm et mm pour la 3e année) (Activité détaillée ici : « La fabrication d'un mètre »).
>
>   But visé : Établir des relations entre les unités de mesure.
>
> - Activité de mesure et d'estimation d'objets dans la classe avec diverses unités pour chaque journée.
>
>   But visé : Établir des relations entre les unités de mesure pour en arriver à comprendre le sens du tableau de conversion de mesure.
>
> - Donner des mesures d'objets sans l'unité de mesure pour que les élèves la trouvent (Exemple : Longueur du tableau numérique interactif (TNI) : 210 quoi? –21 quoi? –2,1 quoi? et 2 100 quoi?)*.
>
>   But visé : Travailler le choix de l'unité de mesure par le biais d'une estimation de la longueur.
>
> - Fabrication du tableau de conversion de mesure (Voir Activité K : Les relations dans le tableau de conversion).
>
>   But visé : Comprendre le tableau de conversion de mesure en réalisant des liens avec le tableau de numération.
>
> * La mesure est à titre indicatif. L'objet peut être différent, mais devrait mesurer plus de deux mètres.

9.1 Quelques repères mathématiques et didactiques

9.1.1 Développement de la mesure

Selon Bednarz et Janvier, (1984), la mesure est un nombre utilisé pour exprimer la valeur du rapport d'une grandeur (physique ou abstraite) à celle d'une autre grandeur de même espèce. Ces auteures proposent une démarche mettant en jeu les trois pôles et leurs interactions :

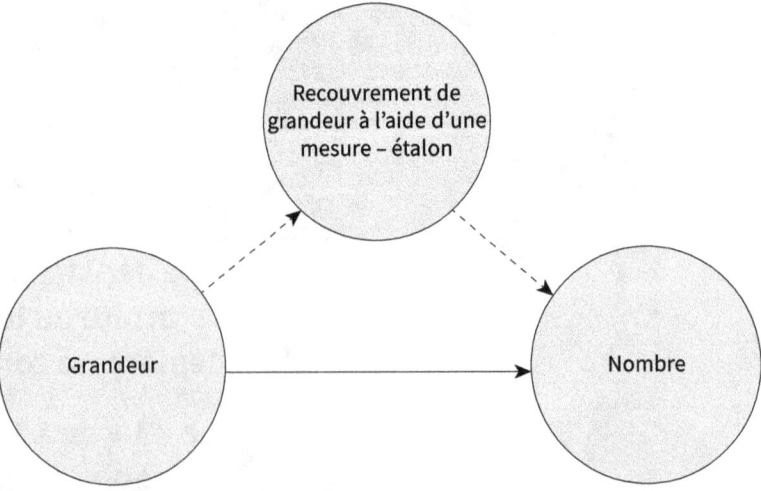

On distingue quatre étapes de tout apprentissage aux mesures et pour passer d'une à l'autre, il faut faire réaliser aux élèves les limites des procédures mises en évidence dans l'étape traitée et, par le fait même, amener la pertinence de la prochaine étape :

1. Une approche de la notion indépendamment de la mesure.
2. La nécessité de mesurer et les premières mesures naturelles (non-conventionnelles).
3. La découverte des unités conventionnelles de mesure.
4. Les formules et les instruments de mesure.

Il est à noter que l'utilisation des instruments de mesure et des formules représente la dernière étape de l'apprentissage. Bednarz et Janvier (1984) et d'autres chercheurs ont montré que le passage direct à la quatrième étape pouvait venir court-circuiter les apprentissages conceptuels des élèves. Au primaire, il faut valoriser l'estimation et la comparaison d'unités de mesure, les relations entre elles et la relation entre le choix des unités et la longueur qui est à mesurer (Marchand et Bisson, 2017).

9.1.2 Estimation et représentation mentale des unités de mesure

La conceptualisation des unités de mesure, comme celle de la longueur qui est ici traitée, implique un investissement dans l'estimation des unités de référence, comme le mètre, le décimètre et le centimètre pour la longueur. Cette estimation permet aux élèves d'avoir un contrôle sur leur action de mesurage et d'effectuer un choix approprié de l'unité de mesure à employer.

De plus, la création d'images mentales de ces unités de référence permet aux élèves d'estimer des mesures de longueur avant toute action (ex. : la largeur de la classe sera environ de 10 m).

9.1.3 Attention au glissement métacognitif

L'objet d'apprentissage représente la conversion d'une unité à une autre et donc il faut faire attention au glissement métacognitif vers un apprentissage mécanique de l'emploi du tableau de conversion versus une compréhension des relations entre les unités. Surtout, dans l'optique que les règles pour employer un tableau pour une mesure donnée (ex. : longueur, × 10 ou ÷ 10) ne pourront pas être réinvesties pour une autre mesure comme l'aire et le volume.

9.1.4 Tableau de conversion et tableau de numération

L'enseignement de la mesure glisse (ou se substitue) le plus souvent sur des activités numériques et la conversion prend ainsi beaucoup de place. Bien que la mesure ne se réduise pas à la conversion, lors de ces activités, il importe de faire le lien entre ces tableaux (numération et conversion) pour aider l'élève (ordre croissant (point de vue de l'unité)/décroissant (point de vue de la mesure, à partir du mètre)).

9.2 Activité : Fabrication d'un mètre (faire autrement)
1er et 2e cycles

9.2.1 Tableau descriptif

Attention : Ajout ou retrait de zéros ou déplacement de la virgule de façon inappropriée dans le tableau de conversion de mesure :

- Ne pas observer (ou comprendre) les relations entre les différentes unités de mesure*.

* Unité de mesure : Grandeur finie servant de base à la mesure des autres grandeurs de même espèce. https://lexique.netmath.ca

Objectifs

1er cycle

- Construire des règles.
- Estimer et mesurer les dimensions d'un objet à l'aide d'unités conventionnelles (mètre, décimètre et centimètre).

2e cycle

- Établir des relations entre les unités de mesure de longueur (mètre, décimètre, centimètre et millimètre).

Intentions de l'enseignant

1er cycle

- Fabriquer un mètre en papier.
- Estimer le nombre de décimètres et de centimètres dans le mètre.

2e cycle

- Fabriquer un mètre en papier (à partir d'un décimètre comme référence).
- Mettre en évidence qu'il y a 10 décimètres, 100 centimètres et 1 000 millimètres dans un mètre…

Connaissances préalables de l'élève

L'élève doit :

1er et 2e cycles

- Connaître les principes généraux de la mesure*.

2e cycle

- Connaître le mètre, le décimètre, le centimètre.

* Principes : partir du zéro, pas de chevauchement, pas d'espacement, pas de mesure en zigzag, donc mesurer de manière linéaire (bout à bout).

Temps à prévoir pour la ou les activités

- Réaliser la séquence d'enseignement en entier, environ deux périodes de 60 minutes.

Mode de fonctionnement et matériel requis

1er cycle

- Bandes de papier de longueurs variées (plus d'un mètre et moins d'un mètre).
- Ciseaux.

2e cycle

- Bandes de papier de longueurs variées (plus d'un décimètre et moins d'un décimètre).
- Règle de 10 ou 30 centimètres.
- Ruban adhésif.
- Ciseaux.

Pour l'enseignant

- Mètre conventionnel.
- Matériel mesurant 1 dm et 1 cm (ex. : cartons, pailles ou bâtonnets de café coupés).
- Objet de deux décimètres.
- Objet de 16 centimètres.
- Objet de 17 millimètres.

Propos d'enseignants ayant expérimenté l'activité

En faisant plusieurs temps d'arrêt lors de l'activité, les élèves ont partagé leurs stratégies et leurs méthodes de travail. Cela a permis d'éclairer ceux qui avaient plus de difficultés concernant ce concept. De plus, plusieurs principes de la mesure ont pu être touchés.

Nous avons pu discuter de la façon de déterminer la mesure ou de reconstruire la règle dans le cas où celle-ci est brisée et ne commence pas par zéro :

- La manipulation a permis de rendre les concepts de mesure plus concrets, même chez les élèves plus vieux pour lesquels la compréhension des concepts est parfois prise pour acquise.
- Cette activité nous permet de voir les différentes conceptions qu'ont les élèves sur les unités de mesure. Par exemple, plusieurs élèves ont construit un mètre de 60 cm en faisant allusion aux 60 minutes contenues dans 1 heure.

9.2.2 Déroulement de l'activité

Phase de préparation

1er cycle

- Présenter une bande de papier d'une longueur d'un mètre pour introduire le mètre comme unité de mesure.

Questions clés

- La longueur de cette bande de papier te fait penser à quoi?
- Combien penses-tu que ça mesure?
- Comment appelle-t-on cette mesure?

2e cycle

- Réactiver ce qu'ils connaissent du mètre comme unité de mesure.

Questions clés

- Qu'est-ce qu'un mètre?
- Peux-tu estimer la longueur d'un mètre (en écartant tes mains l'une de l'autre)?
- Excepté le mètre, y a-t-il d'autres unités de mesure plus petites que le mètre? Plus grandes que le mètre?
- Peux-tu estimer la longueur d'un décimètre?
- Peux-tu estimer la longueur d'un centimètre?

Phase de réalisation

1er cycle

- Demander aux élèves de construire un mètre en papier en faisant référence à un mètre conventionnel :
    - Choisir une bande de papier plus longue qu'un mètre parmi les bandes de papier déjà préparées;
    - Mesurer et couper le mètre en papier selon la bonne mesure du mètre conventionnel.
- Présenter un objet de 1 décimètre et un de 1 centimètre.
- Mettre les différentes unités de mesure en relation (voir la fiche de l'élève; cette fiche peut aussi être réalisée en grand groupe au TNI et donc de manière orale). Il y a deux phases à cette activité. La première d'estimation doit être réalisée en l'absence des unités de mesure pour valoriser le développement des images mentales et faire réellement une estimation. La deuxième phase va permettre en réalisant le mesurage concrètement de valider ou invalider l'hypothèse émise par les élèves.
- Faire verbaliser et démontrer les stratégies que les élèves ont utilisées pour trouver le nombre de dm et de cm qu'il y a dans un mètre.
- Élargir la discussion autour de certains principes de la mesure.

Questions clés

- Est-ce que ta façon de faire est correcte? Pourquoi?
- Quelle conséquence ta façon de faire a-t-elle sur ta réponse?
- Comment pourrais-tu améliorer ta façon de faire?

! Éviter de verbaliser soi-même les principes de la mesure. Puisqu'ils ont déjà été travaillés au préalable, ce sont les élèves qui doivent les mettre en pratique et réactiver leurs connaissances.

- À partir de l'estimation, mettre en évidence l'efficacité (rapidité) de certaines unités de mesure par rapport à d'autres selon différents contextes.

On déplace la virgule deun dans le tableau pour aller d'une unité à une autre

Questions clés

- Si tu veux mesurer la porte, quelle unité utiliserais-tu? Peux-tu en estimer la mesure?
- Si tu veux mesurer ton cahier, quelle unité utiliserais-tu? Peux-tu en estimer la mesure?
  - Laisser les élèves mesurer les objets pour valider leurs estimations.

! Questionner les élèves sur les mesures obtenues et leur choix d'unité de mesure (*Si tu utilises le mètre pour mesurer la porte, est-ce que tu vas obtenir un plus grand nombre que si tu prends la mesure en centimètres? Pourquoi?*)

2ᵉ cycle

- Demander aux élèves de construire un mètre en papier avec des bandes de papier de longueurs variées :
  - Tenter d'arriver à un mètre le plus exactement possible par des processus personnels (alignement, mesure, découpage, etc.).
- Au cours de l'activité, faire verbaliser et démontrer leur démarche de fabrication du mètre.
- Proposer aux élèves de valider leur mètre en papier en le comparant au mètre conventionnel fourni par l'enseignant.
- Élargir la discussion autour de certains principes de la mesure.

Questions clés

- Est-ce que ta façon de faire est correcte? Pourquoi?
- Quelle conséquence ta façon de faire a sur ta réponse?
- Comment pourrais-tu améliorer ta façon de faire?

! Éviter de verbaliser soi-même les principes de la mesure. Puisqu'ils ont déjà été travaillés au préalable, ce sont les élèves qui doivent les mettre en pratique et réactiver leurs connaissances.

- Proposer de mesurer un objet de 2 dm à partir de leur mètre en papier :
  - Permettre à l'élève de trouver des stratégies pour subdiviser son mètre afin de trouver la mesure de l'objet proposé;
  - Amener l'élève à faire ressortir qu'il sera plus facile d'y arriver pour lui si son mètre en papier est subdivisé en 10 parties égales.
- Faire la même chose avec un objet de 16 centimètres, puis un objet de 17 millimètres :
  - Arriver à la subdivision du décimètre et du cm en 10 parties égales;
  - Faire remarquer qu'on peut toujours subdiviser une unité de mesure en 10 et que c'est justement le lien entre m, dm, cm, mm.

Phase d'objectivation

1er et 2e cycle

- Faire un retour sur les connaissances mathématiques mises à contribution durant l'activité :

Questions clés

- Que retiens-tu de cette activité au niveau mathématique?
- Quelle est la pertinence d'avoir plusieurs unités de mesure?
- Quels principes as-tu utilisés pour arriver à savoir combien de dm et de cm il y avait dans un mètre?
- Pourquoi doit-on utiliser la même unité de mesure pour comparer nos résultats?

2e cycle

- Mettre en évidence la relation entre les différentes unités de mesure (multiples de 10).

Questions clés

- Combien y a-t-il de dm dans un mètre? De cm? De mm?
  - ▶ Écrire au tableau chaque réponse, une en dessous de l'autre, pour permettre aux élèves de comparer les différentes unités de mesure;
- Que remarques-tu?
- Ouvrir la discussion sur l'utilité des conventions et de la précision des outils pour avoir des mesures communes.

Questions clés

- Quelle est l'utilité des conventions concernant les unités de mesure?
- Quelle est l'importance de la précision de notre outil de mesure?
- Exemples de réponses attendues :
  - La convention permet que tout le monde s'entende sur la même mesure;
  - Si les outils manquent de précision, tout le monde n'arrivera pas à la même mesure.

Pistes de réinvestissement

- Présenter plusieurs outils de mesure (mètre en bois, roue de mesure, ruban à mesurer...) pour mettre en évidence d'autres unités de mesure et les relations entre elles.
- Adapter l'activité dans d'autres contextes :
  - Masse;
  - Capacité;
  - Temps (construction de l'horloge);
  - Mesures de surfaces (3e cycle).

9.2.3 Fiche de l'élève de l'activité

Nom : _____

Questions	Hypothèses	Avec un dm et un cm, valide tes hypothèses ici
1. Pour former une longueur de 1 mètre, est-ce que je vais avoir besoin d'aligner plus de cm ou plus de dm? Pourquoi?		
2. Combien crois-tu qu'il y a de dm dans ton mètre?		
3. Combien crois-tu qu'il y a de cm dans ton mètre?		

9.3 Activité : Les relations dans le tableau de conversion (à la recherche de régularités)
2ᵉ cycle

9.3.1 Tableau descriptif

Attention : Le recours à ce TM sans lui donner un sens mathématique peut amener l'élève à ajouter ou enlever le zéro, ou déplacer la virgule de façon inappropriée dans le tableau de conversion de mesure et susciter une incompréhension au niveau des relations entre les différentes unités de mesure.

Objectifs*

- Établir des relations entre les unités de mesure de longueur (mètre, décimètre, centimètre et millimètre).

* Devant chaque titre de ce tableau, un pictogramme identifie le type d'information fourni.

Intentions de l'enseignant

- Faire le lien entre des mesures concrètes et le tableau de conversion.
- Faire le lien entre la numération de position en base 10 et la structure du système d'unités de mesure de longueur (mètre, décimètre, centimètre et millimètre).
- Exprimer la mesure de plusieurs façons.
- Construire et utiliser le tableau de conversion.

Connaissances préalables de l'élève

- Connaître ce qu'est une largeur, une longueur et une hauteur, un mètre et certains principes de la mesure* (précision).
- Savoir qu'il y a 10 décimètres, 100 centimètres et 1 000 millimètres dans 1 mètre.
- Connaître le tableau de numération.

* Principes : partir du zéro, pas de chevauchement, pas d'espacement, pas de mesure en zigzag donc mesurer de manière linéaire...

Temps à prévoir pour la ou les activités

- Courte capsule (environ 5 à 10 minutes) chaque jour pour une période de 1 à 2 semaines.

Mode de fonctionnement et matériel requis

- Règles, mètres, rubans à mesurer.
- Un tableau de conversion qui sera construit par les élèves.
- Objets à mesurer de différentes mesures (exemples : gomme à effacer, livre, bureau, etc.).
- Cahier pour consigner les mesures (un par élève).

On déplace la virgule deun dans le tableau pour aller d'une unité à une autre

Propos d'enseignants ayant expérimenté l'activité

- Le fait de sortir d'une tâche « papier – crayon » et d'explorer concrètement diverses mesures permet aux élèves de faire leurs propres expériences et d'approfondir leur compréhension des liens entre les différentes unités de mesure.
- Par la mesure d'objets concrets, cette activité permet de faire le lien entre la structure du tableau de numération et du tableau de conversion de mesures.
- L'activité permet d'aller plus loin que l'objet à mesurer; elle permet de voir les relations derrière les différentes unités de mesure utilisées, ce qui est à la base du tableau de conversion.

9.3.2 Déroulement de l'activité

Phase de préparation

- Présenter quelques objets de formes et de tailles différentes (ex. : boîte de mouchoirs).
- Faire un rappel des éléments suivants :
    - Longueur, largeur, hauteur;
    - Principes généraux de la mesure.
- Demander aux élèves de choisir un objet à mesurer. Ils décideront s'ils veulent mesurer la longueur, la largeur ou la hauteur de l'objet à mesurer :
    - Les élèves doivent conserver leurs choix tout au long de la semaine;
    - Ils peuvent choisir leur instrument de mesure.

Phase de réalisation

- Chaque jour, demander aux élèves d'estimer la dimension d'un objet puis de mesurer la dimension de cet objet avec une unité de mesure différente (voir fiche de l'élève, p. 102).
    - Exemple :
        - Lundi : en cm
        - Mardi : en dm
        - Mercredi : en mm
        - Jeudi : en m
- Si la mesure n'est pas un nombre naturel, il serait préférable de ne pas utiliser la virgule tout de suite. Par exemple, dire « 5 cm et 3 mm » ou « 0 m et 53 mm » au lieu de « 0,053 m ».
- Demander aux élèves d'inscrire leurs mesures dans un cahier pour chacun des objets et pour chaque journée.
    - Exemple pour la longueur d'une boîte de mouchoir :
        - Lundi : 23 cm
        - Mardi : 2 dm et 3 cm
        - Mercredi : 230 mm
        - Jeudi : 0 m et 23 cm (autres réponses possibles : 0 m et 2 dm et 3 cm ou 0 m et 230 mm)

- À la fin de la semaine, faire un retour collectif pour réorganiser l'information et amener les élèves à faire des liens avec la structure de base 10.
  - Questions clés :
    - ▶ Que remarques-tu?
    - ▶ Comment pourrait-on ordonner les unités de mesure utilisées cette semaine?
    - ▶ Si on se réfère au tableau de numération, comment pourrait-on ordonner les unités de mesure dans un tableau pour avoir la même structure?
- Mettre l'emphase sur les relations (× 10) entre les unités de mesure.
- Après avoir ordonné les unités de mesure, leur faire construire un tableau de conversion de mesure et y inscrire les mesures de l'objet trouvées précédemment.
- Exemple correct (un chiffre par position) :

	m	dm	cm	mm
Lundi		2	3	
Mardi		2	3	
Mercredi		2	3	0
Jeudi	0	2	3	

- À éviter :

	m	dm	cm	mm
Lundi		23		
Mardi			23	
Mercredi				230
Jeudi	0		23	

On déplace la virgule deun dans le tableau pour aller d'une unité à une autre

- Ouvrir une discussion sur les différentes réponses des élèves. Le but est de faire ressortir la façon adéquate d'utiliser le tableau et de voir les relations entre les unités sans utiliser les trucs tels : « déplace la virgule » et « ajoute ou enlève des zéros ».

Questions clés

- Que remarques-tu?
- Qu'est-ce qui revient d'un exemple à l'autre?
- Quels liens peut-on faire avec le tableau de numération?

Phase d'objectivation

- Donner d'autres mesures à placer dans le tableau de conversion sans demander aux élèves de les mesurer eux-mêmes afin qu'ils se familiarisent avec le tableau :
    - Faire venir des élèves à tour de rôle afin qu'ils expliquent leur tableau de conversion de mesure en donnant un exemple de conversion en plusieurs unités de mesure différentes et en justifiant les liens avec leur tableau de numération.

Pour les nombres décimaux

- Discuter du lien entre la virgule et le « et » utilisé lors de la prise de mesure.
- Exemple :
    - 2 dm et 3 cm est équivalent à 2,3 cm.
- Ajouter une colonne au tableau pour écrire les mesures en notation décimale.

	m	dm	cm	mm	Notation décimale
Lundi		2	3		2,3 dm
Mardi		2	3		23 cm
Mercredi		2	3	0	230 mm
Jeudi	0	2	3		0,23 m

Pistes de réinvestissement

- Faire des liens avec les tableaux de conversion qu'il est possible de construire à partir des unités de masse ou de capacité.
    - Mettre en évidence les relations multiplicatives entre ces nouvelles unités de mesure.

9 Les trucs mathématiques au primaire

9.3.3 Fiche de l'élève de l'activité

Nom : _____

Le tableau de conversion

À chaque jour, indique la mesure des trois objets selon l'unité choisie :

- Lundi : en cm
- Mardi : en dm
- Mercredi : en mm
- Jeudi : en m

La mesure de la largeur du TBI :

	m	dm	cm	mm
Lundi				
Mardi				
Mercredi				
Jeudi				

La mesure de la longueur du pupitre :

	m	dm	cm	mm
Lundi				
Mardi				
Mercredi				
Jeudi				

La mesure de ma règle :

	m	dm	cm	mm
Lundi				
Mardi				
Mercredi				
Jeudi				

Truc 10 | Quand l'aire augmente, le périmètre augmente

Concepts d'aire et de périmètre

1er, 2e et 3e cycles

10 Les trucs mathématiques au primaire

10.1 Quelques repères mathématiques et didactiques

10.1.1 La mesure qualitative comme levier pour la généralisation

L'activité met en évidence des connaissances spatiales (comment modifier de façon spatiale la figure pour obtenir ce qui est demandé? Si nous déplaçons ce côté de notre rectangle ainsi, est-ce que le périmètre augmentera ou non? Nous venons de construire deux figures différentes, sont-elles équivalentes ou symétriques? etc.) et des connaissances en lien avec les mesures qualitatives (est-ce que notre périmètre sera plus grand ou plus petit?). Il s'agit de réfléchir d'une manière géométrique et spatiale devant les cas de figures que les élèves produisent (Marchand et Bisson, 2017). Mais, la réflexion proposée par cette tâche a le potentiel de les mener à des raisonnements qui dépassent le simple constat ou calcul numérique. Les exemples construits avec le matériel ne représentent qu'un support à la réflexion qui, elle, se veut plus générale.

Le but n'est pas de calculer le périmètre et l'aire des figures et de les comparer, mais bien de comprendre quelle modification peut être apportée à une figure pour que l'une ou l'autre de ces mesures soit modifiée. Cette réflexion géométrique et spatiale porte ainsi sur des cas génériques et non spécifiques et met en jeu tout un raisonnement de généralisation et de variation qui sera réinvesti en algèbre (suites, fonctions, taux de variation, etc.).

10.1.2 La mesure qualitative versus la mesure quantitative

Le glissement vers la comparaison numérique des mesures obtenues est très fréquent et il évacue toute la richesse dans le raisonnement qui vient d'être évoqué dans le point précédent. En effet, la mesure qualitative est complémentaire à la mesure quantitative. Plusieurs conceptions, par exemple le conflit périmètre-aire, peuvent être étudiées, en lien avec cette complémentarité et en s'appuyant sur des mesures qualitatives, valorisant du même coup une structuration de la pensée géométrique et spatiale des élèves.

10.1.3 Relations entre les diverses mesures d'un même objet

Tout comme il a été possible de le constater avec les sous-unités de mesure, les relations et les variations entre les mesures d'un même objet peuvent également enrichir la conceptualisation de ces concepts chez les élèves : si le périmètre de ma figure augmente, est-ce que l'aire augmentera aussi? Si la circonférence de mon cercle formant la base de mon cylindre double, est-ce que le volume du cylindre doublera aussi? Si mon aire latérale de deux prismes est la même, est-ce que le volume de ces deux prismes sera le même? Il faut donc prévoir dans l'enseignement des moments où des ponts peuvent être réalisés entre les diverses mesures d'un même objet.

10.1.4 Raisonner les formules

Lorsqu'il est question entre autres de mesure de longueur, de surface, de volume, la quatrième étape de l'apprentissage traite des formules. Mais ces formules peuvent représenter des trucs et donc il semble pertinent de construire ou du moins raisonner celles-ci avec les élèves et de mettre en évidence les relations entre elles. Par exemple pour l'aire, la formule de l'aire du rectangle semble assez intuitive pour les élèves (nombre de carrée sur la 1e rangée × le nombre de rangées = $b \times h$) et à partir de celles-ci toutes les autres peuvent être déduites. Ainsi, cette approche déductive fait contraste à une approche où une feuille d'une dizaine de formules déjà construites est proposée aux élèves et où ils doivent les apprendre par cœur pour les appliquer.

10.2 Activité : Histoire de clôtures (faire autrement)
1er, 2e et 3e cycles[1]

10.2.1 Tableau descriptif

Attention : Ne pas comprendre qu'on peut avoir une variation inverse entre l'aire et le périmètre.

Objectifs
1er cycle • Comparer des longueurs. • Comparer et construire des figures composées de lignes brisées fermées. • Estimer et mesurer les dimensions d'un objet à l'aide d'unités non conventionnelles. 2e cycle • Estimer et mesurer l'aire de surfaces à l'aide d'unités non conventionnelles. 3e cycle • Estimer et mesurer l'aire de surfaces à l'aide d'unités conventionnelles.

Intentions de l'enseignant
• Développer les concepts d'aire et de périmètre en mettant en évidence qualitativement des relations entre l'aire et le périmètre.

Connaissances préalables de l'élève
L'élève doit : 2e et 3e cycle • Avoir déjà travaillé le périmètre et l'aire.

Temps à prévoir pour la ou les activités
• Une période.

Mode de fonctionnement et matériel requis
Par équipe de deux : 1er cycle : • 24 bâtons de café ou de POPSICLE. • Grandes feuilles. 2e cycle : • 12 bâtons de café ou de POPSICLE. • Carrés en carton : Dimension : 3 bâtons de café/POPSICLE × 3 bâtons de café/POPSICLE.

---

[1] Au premier cycle, on travaille le truc à un niveau implicite, dans le but d'amener les élèves à voir que des formes différentes peuvent avoir le même périmètre.

10 Les trucs mathématiques au primaire

Propos d'enseignants ayant expérimenté l'activité

- Le fait de laisser expérimenter l'élève lui permet de construire toutes sortes de formes et d'exploiter plusieurs stratégies. De plus, cela lui permet de voir une variété de cas, ce qui invalidera davantage la conception de départ.
- À travers cette activité, la manipulation permet une meilleure observation de certaines propriétés/transformations géométriques sur les figures construites.
- La demande de création d'une variété de figures permettra de meilleures représentations mentales des figures et des classes de figures à obtenir.
- Le travail d'équipe et la nature de la tâche demandée valorisent la construction d'un vocabulaire géométrique et spatial plus précis.

10.2.2 Déroulement de l'activité

Phase de préparation

Aucun bâton ne doit être placé en diagonale ni à l'intérieur de la forme.

Étant donné que les élèves doivent anticiper diverses figures ayant le même périmètre, mais pas la même aire, il y aura un conflit conceptuel pour certains. De plus, l'orientation et l'organisation spatiale peuvent aussi faire obstacle à certains élèves dans la recherche de telles figures.

1er cycle

- En équipe de deux, les élèves doivent aller dénombrer 24 bâtons. Chaque équipe doit construire deux formes différentes de 12 bâtons et coller chacune des formes sur une grande feuille :
  - Préciser que tous les bâtons doivent être placés bout à bout et être soit alignés, soit perpendiculaires.

2e et 3e cycle

- Chaque équipe va chercher 12 bâtons et un carré en carton. Sur le contour du carré, disposer 3 bâtons de *POPSICLE* × 3 bâtons de *POPSICLE*.

Phase de réalisation

1er cycle

- Les élèves découpent leurs formes. Les comparer entre elles afin de leur faire observer que des formes différentes peuvent avoir un même périmètre.
  - Laisser les élèves manipuler leurs formes (superposer, comparer les surfaces, tourner, orienter différemment, faire des rotations, etc.)

Quand l'aire augmente, le périmètre augmente   10

- ○ Questions clés :
    - ▶ Qu'est-ce que j'ai obtenu comme forme?[2]
    - ▶ Est-ce que j'ai des formes identiques? (Exemple de réponse : Je peux changer l'orientation de ma figure et elle reste identique.)
    - ▶ Est-ce que j'ai des formes qui ont le même nombre de côtés?
    - ▶ Nomme des ressemblances.
    - ▶ Nomme des différences.
    - ▶ Est-ce que le contour est le même? Justifie ta réponse.

! Faire attention pour utiliser le bon vocabulaire. L'expression « figures semblables » ne devrait pas être utilisée pour des figures qui ont les mêmes propriétés. En effet, au secondaire, les figures semblables font référence à d'autres notions et interviennent entre autres dans les situations d'agrandissements ou de réductions de figures géométriques. Préciser plutôt les caractéristiques des figures à comparer.

2ᵉ et 3ᵉ cycle

- En conservant le même nombre de bâtons et en les déplaçant[3] tout en restant à l'intérieur de la figure initiale (le carré en carton), réaliser une figure ayant une plus petite surface, tracer votre nouvelle figure en couleur et tenter de trouver plus de possibilités. Tracer une figure par carton.

! Si l'élève réalise la même figure, mais qu'il faut simplement changer l'orientation, l'enseignant démontre à l'élève qu'il s'agit de la même figure.

- Faire réaliser que la surface ou l'aire varie même si le périmètre demeure le même.

Questions clés

- Qu'as-tu obtenu comme forme[4]?
- Comment as-tu manipulé tes bâtons?
    - ○ (Exemple : J'ai tourné mon bâton. J'ai glissé mon bâton vers la gauche.)
- As-tu des figures identiques parmi celles que tu as construites?
    - ○ (Exemple : Je peux changer l'orientation de ma figure et elle reste identique.)
- Est-ce que j'ai utilisé mes 12 bâtons de POPSICLE? (Exemple : J'ai utilisé mes 12 bâtons en les déplaçant).
- Que peut-on dire de l'aire des figures?
- Que peut-on dire du périmètre des figures?
- Quelle déduction peut-on faire?

---

[2] Demander aux élèves ou les inviter à décrire leur forme en faisant des liens avec des éléments de la vie courante. Exemple : une chaise à l'envers.

[3] Les bâtons ne doivent pas nécessairement être positionnés de façon perpendiculaire ou alignés comme au premier cycle.

[4] Demander aux élèves ou les inviter à décrire leur forme en faisant des liens avec des éléments de la vie courante. Exemple : une chaise à l'envers.

Phase d'objectivation

1er cycle

- Pour ce niveau, le but est ici qu'ils comprennent que deux figures n'ayant pas la même allure peuvent avoir un même périmètre.

Questions clés

- Quelles sont les différentes figures que vous avez observées?
- Peuvent-elles avoir le même périmètre même si elles n'ont pas la même allure?
- Quelle information nous fournit le périmètre pour une figure donnée?

2e et 3e cycle

- Faire prendre conscience que la surface ou l'aire varie même si le périmètre reste toujours pareil (voir la fiche de l'élève).
- Reprendre les réponses des élèves en grand groupe en donnant des exemples différents de ceux issus de l'activité.

Pistes de réinvestissement

1er cycle

- Refaire l'activité en variant le nombre de bâtons et/ou le matériel.
- Présenter quatre figures qui ont été construites et demander aux élèves d'anticiper si certaines d'entre elles ont la même aire :
  - Demander aux élèves de valider leur hypothèse par manipulation (retourner, superposer, etc.).

2e et 3e cycle

- À partir d'une autre figure de départ, adapter l'activité de façon à :
  - Garder le même périmètre, mais agrandir la surface (ou l'aire).
  - Réduire le périmètre, mais agrandir la surface (ou l'aire).
  - Réduire le périmètre, mais de conserver la même surface ou même aire.
  - Augmenter le périmètre, mais garder la même surface (ou aire).

10.2.3 Fiche de l'élève de l'activité

Nom : _____

1. Le périmètre est le même pour toutes les figures. Vrai ou faux? Justifie ta réponse.

2. La surface ou l'aire est la même pour toutes les figures. Vrai ou faux? Justifie ta réponse.

3. Peut-on dire que deux figures ayant le même périmètre peuvent avoir des surfaces ou aires différentes? Pourquoi?

Conclusion

L'objectif principal du projet à l'origine de cet ouvrage est la formation continue d'enseignants et d'orthopédagogues. Cette formation visait le perfectionnement des compétences professionnelles de ces intervenants en mathématiques à travers l'élaboration (la coconstruction) d'activités porteuses et novatrices autour des trucs mathématiques pour l'enseignement au primaire. Elle a permis l'identification et l'analyse didactique des TM utilisés par les intervenants, ainsi que des réflexions didactiques sur l'exploitation de ces derniers. Elle a consisté à envisager l'exploitation des TM autrement en classe en considérant ces derniers comme une source de stimulation à l'apprentissage des mathématiques (construction de sens et justification par les apprenants) et non uniquement comme une technique ou règle à apprendre par cœur.

La formation s'est faite en trois phases. La première a consisté en des analyses mathématiques et didactiques des TM que les enseignants et orthopédagogues ont rapportés afin d'en dégager la richesse et de devenir une source d'inspiration pour une pratique de classe plus efficace. À cet effet, une banque de TM a été constituée (trucs de nature arithmétique et trucs de nature géométrique) ainsi qu'une formation théorique (mathématique et didactique) qui assoit différents éléments relatifs aux problématiques des TM. La deuxième phase a été réalisée sous forme de séminaires et d'ateliers permettant aux participants d'expliciter les difficultés que les TM engendrent dans leur pratique enseignante. La troisième phase a été la plus imposante en termes de temps et d'implication pour les participants. Elle est guidée par trois questions : quelles sont les limites et les portées des trucs mathématiques dans l'enseignement? Comment puis-je modifier ma pratique pour qu'elle devienne plus efficace face à ces trucs inévitables dans l'enseignement et l'apprentissage des mathématiques? Comment devrons-nous les exploiter en classe? Notons ainsi que la coconstruction d'une banque d'activités autour des TM par des activités de type *Faire autrement; À la recherche de régularités; Pourquoi ça marche?;* ou *Qu'est-ce que cela travaille?*, dont les douze activités qui alimentent ce livre, ont permis d'émettre des pistes de réponses concrètes aux questions précédentes. Les deux derniers types d'activité (*Pourquoi ça marche?;* et *Qu'est-ce que cela travaille?*) n'ont pas été répertoriés dans cet ouvrage, mais il est possible d'imaginer une activité du type *Pourquoi ça marche?* pour le truc 4 (ajout d'un zéro lors d'une multiplication d'un nombre naturel par 10) où le truc serait exposé aux élèves et leur but serait d'étudier pourquoi ce truc fonctionne mathématiquement (pourquoi ce dernier est toujours vrai pour les nombres naturels) à l'aide d'une affiche qu'ils présenteraient aux autres élèves. Ainsi, pour le même truc, les divers types d'activité peuvent être exploités selon les intentions de l'enseignant et selon la connaissance ou non du truc en question par les élèves de la classe.

L'intérêt suscité par le sujet, mais surtout la pertinence du dispositif et de l'approche a fait imposer la production d'un livre, par les membres du groupe, sur les TM et leur utilisation comme ressource didactique en classe. L'édition de ce livre a été une demande formulée explicitement par les enseignantes et orthopédagogues concernées. Notons que plusieurs communications et articles scientifiques et professionnels ont concouru à la diffusion de ce travail.

La coconstruction d'une ressource didactique avec les intervenants a modifié le regard de ces derniers sur l'enseignement des mathématiques, en ce sens que la formation a permis d'illustrer que la maîtrise d'un concept nécessite le travail sur une classe de situations (Vergnaud, 1991), mais aussi que l'exercice de conception d'activités nécessite une rigueur, surtout autour d'un objet comme les TM. Ce nouveau regard est aussi mis en évidence par le fait que les intervenants l'ont exprimé (Voir dans les tableaux « Propos d'enseignants ayant expérimenté l'activité »).

Les TM seront toujours présents dans l'enseignement des mathématiques. Toutefois leur utilisation de façon non pertinente peut engendrer chez les élèves des difficultés et des conceptions erronées de certains contenus mathématiques et lors de leur enseignement à l'école, créant ainsi un cercle vicieux dont il est difficile de s'en sortir après coup. Elle représente aussi une arme à double tranchant, car bien qu'il y ait un réel intérêt face à l'usage des TM dans l'enseignement et l'apprentissage des mathématiques, la présence de pièges persiste. Nous nous référons, entre autres, à celui de les apprendre par cœur sans comprendre ou cerner les processus mathématiques qui les sous-tendent (c'est le cas du produit croisé) ou encore à proposer le TM en début d'apprentissage et d'orienter, par la suite, notre enseignement sur son application sans une compréhension mathématique sous-jacente. Le recours aux TM dans le cadre de l'apprentissage et de l'enseignement à l'école, mais dans les contextes de formation initiale et continue, par leur justification ou verbalisation, participerait à la construction des savoirs mathématiques (Adihou et Marchand; 2014).

Notons que d'autres activités ont été coconstruites, mais elles ne sont pas dans ce livre. D'autres sont actuellement en construction et elles feront l'objet d'une autre publication. Nous travaillons ainsi d'autres TM dans d'autres domaines (Probabilité et algèbre) et pour le secondaire.

Nous espérons que les contenus traités de ce livre, aussi modestes soient-ils, participeront à l'éclosion des vocations de mathématicien!

Bibliographie

Adihou, A. (2011). L'ingénierie didactique pour l'étude des sens accordés au signe d'égalité par les élèves du premier cycle du secondaire dans la réalisation d'activités portant sur le concept d'égalité et le signe d'égalité. Dans Actes de la 15e École d'Été de Didactique des Mathématiques organisée par l'Association de Recherche en didactique des mathématiques (ARDM) Clermont-Ferrand (Puy de Dôme – 63) du 16 au 23 août 2009.

Adihou, A. (2010). Étude, des sens accordés au signe d'égalité par les élèves du premier cycle du secondaire dans la réalisation d'activités portant sur le concept d'égalité et le signe d'égalité. Dans Actes du colloque du Groupe Canadien d'étude en didactique des mathématiques (GCEDM) du 5 au 9 juin 2009 à l'Université York, à Toronto (Ontario).

Adihou, A. et Arsenault, C. (2012). *Dispositif de formation mathématique pour les enseignants du primaire : choix, caractéristiques, résultats et impacts*. Dans Proulx, J. Corriveau, C. et Squalli, H. (éditeurs), La formation des mathématiques des enseignants, Québec, Les Presses Universitaires du Québec.

Adihou, A., Arsenault, C. et Marchand, P. (2012). *Dispositif de formation mathématique pour les futurs maîtres*. Colloque de l'espace mathématique francophone (EMF 2012). Université de Genève.

Adihou, A. et Marchand, P. (2014). Les trucs en classe de mathématiques : quand et pourquoi? Math – École, No 221, p. 35-40.

Adihou A. et Marchand P. (2010). Trucs mathématiques. *Bulletin de l'association mathématique du Québec (AMQ) 50(3)*, 37-51.

Barabé, G. (2011). *Une étude du développement professionnel par l'intégration dans la pratique d'enseignement d'une approche visant le développement du potentiel mathématique des élèves*. Mémoire de maîtrise dirigée par Hassane Squalli et Claudine Mary, Université de Sherbrooke.

Bednarz, N. et Janvier, B. (1984). Bulletin de l'AMQ, Problèmes d'apprentissage de la mesure au primaire et éléments d'apprentissage pertinents. Bulletin de l'AMQ, 24, 9-17.

Bednarz, N. et Poirier, L. (2002). Banque de jeux pour l'apprentissage des mathématiques au primaire. Collection Astroïde, Modulo : Montréal

Bednarz, N., Morand, J.-C., René de Cotret, S. (1988). *Procédures des élèves et raisonnement proportionnel*. Enregistrement vidéo, Production : Eric Henry, CIRADE, UQAM et document didactique d'accompagnement, 72 pages.

Bosch, M. (1994). La dimension ostensiva en la activdad matmatica. El caso de la proportionalidad. Thèse de doctorat, Universitat Autonoma de Barcelona.

Comin, E. (2000). Proportionnalité et fonction linéaire. Caractère, causes et effets didactiques des évolutions et des réformes dans la scolarité obligatoire, Thèse de doctorat, Université Bordeaux 1.

Comin, E. (2002). L'enseignement de la proportionnalité à l'école et au collège, *Recherche en didactique des mathématiques 22(2-3)*, p. 135-181, Ed. La Pensée Sauvage.

Dupuis, C. Pluvinage, F. (1981). La proportionnalité et son utilisation, *Recherches en Didactique des Mathématiques, 2(2)*, p. 165-212, Ed. La Pensée Sauvage.

Conne, F. (1989). Comptage et écritures en ligne d'égalités numériques, *Recherches en Didactique des Mathématiques*, 9(1), p. 71-115.

Conne, F. (1987a). Comptage et écriture des égalités dans les premières classes de l'enseignement primaire (1er épisode). *Math-Ecole*. 1987, no 128, p. 2-12.

Conne, F. (1987b). Entre comptage et calcul (2e épisode). *Math-Ecole*. 1987, no 130, p. 11-23.

Conne, F. (1988a). Numérisation de la suite des nombres et faits numériques (3e épisode). *Math-Ecole*. 1988, no 132, p. 26-31, et no 133, p. 20-23.

Conne, F. (1988b). Calculs numériques (4e épisode). *Math-Ecole*. 1988, no 135, p. 23-36.

De Champlain, D., Mathieu, P., Patenaude, P. et Tessier, H., (1996). Lexique mathématique, enseignement secondaire, 2e édition, Les Éditions du Triangle d'Or, distribution Modulo Éditeur.

Gouvernement du Québec (2006). *Programme de formation de l'école québécoise; enseignement secondaire, premier cycle*, Québec, Gouvernement du Québec.

Gouvernement du Québec (2009). *Progression des apprentissages Mathématique au primaire*, Québec, Gouvernement du Québec.

Gros, D. (2011). *La proportionnalité*. Document téléaccesible : http://dan.gros.free.fr/pagesite/ressources/PES/02_proportionnalite_PES.pdf, 28 pages.

Hersant, M. (2001). *Interactions didactiques et pratiques d'enseignement, le cas de la proportionnalité au collège*. Thèse de doctorat, Université Paris 7 – Denis Diderot, Paris.

Hersant, M. (2005). La proportionnalité dans l'enseignement obligatoire en France, d'hier à aujourd'hui, *Repères IREM*, 59, p. 5-41. http://hal.archives-ouvertes.fr/index.php?halsid=5emk1ef0ksur4fsrbpjrs856c2&view_this_doc=hal-00450476&version=1.

Kieran, C. (1989). The early learning of algebra: A structural perspective, in S. Wagner and C.Kieran (eds.), *Research Issues in the Learning and Teaching of Algebra*, National Council of Teachers of Mathematics, Reston, VA, pp. 33-56.

Kieran, C. (1992). The learning and teaching of school algebra, in D. Grouws (ed.), *Handbook of research on mathematics teaching and learning*, MacMillan Publishing Company, New York, pp. 390-419.

Kieren, T. (1976). On the mathematical, cognitive, and instructional foundations of rational numbers. In R. Lesh (Ed.), *Number and measurement: papers from a research workshop* (pp. 101-144). Columbus, OH: ERIC/SMEAC.

Kieren, T. (1980). The Rational Number ConstructIts Elements and Mechanisms. In Kieren, T., (ed.), Recent Researchon Number Learning, (p.125-150). Columbus : ERIC/SMEAC.

Kieren, T. (1988). Personal knowledge of rational numbers: Its intuitive and formal development. In J. Hiebert et M. Behr (Eds.), *Number-concepts and operations in the middle grades* (pp. 53-92). Reston, VA: National Council of Teachers of Mathematics.

Legendre, R. (1993). *Dictionnaire actuel de l'éducation*, 2e édition, Guérin éditeur.

Loock, M.-F. (2006). *L'encyclopédie des trucs – Des milliers d'astuces de A à Z*. Paris : Édition J'ai lu, Vie quotidienne.

Marchand, P., Adihou, A., Lajoie, C., Maheux, J.-F. et Bisson, C. (2012). Les jeux de rôles en formation initiale : Mettre les compétences professionnelles en action dans la formation didactique, Actes du 27e Congrès de l'Association internationale de pédagogie universitaire (AIPU), p. 198-208.

Marchand, P. et Bisson, C. (2017). *La pensée spatiale, géométrique et métrique à l'école : Réflexions didactiques*. Montréal : Éditions JFD.

Oliveira, I. (2009). La proportionnalité à l'école : Qu'enseigne-t-on? Qu'apprend-on? Éditions Bande Didactique, Montréal (470 pages).

Poirier, L. (2001). Enseigner les maths au primaire : notes didactiques. Éditeur : E.R.P.I.

René de Cotret, S. (1991). *Étude de l'influence des variables indice de proportionnalité du thème et nombre de couples de données sur la reconnaissance, le traitement et la compréhension de problèmes de proportionnalité chez des élèves de 13-14 ans.* Thèse de doctorat inédit, Université Joseph Fourier : Grenoble.

Recorde, R. (1557). The whetstone of witte, whiche is the seconde parte of Arithmetike: containyng thextraction of Rootes: The Coßike practise, with the rule of Equation: and the woorkes of Surde Nombers *(PDF). London: Jhon Kyngstone.* Page 238 in the PDF file.

Theis, L. (2005). *Les tribulations du signe = dans la moulinette de la bonne réponse.* Baie-Joli : Éditions des Bandes didactiques.

Sokona, S-B. (1989). Aspects analytiques et aspects analogiques de la proportionnalité dans une situation de formulation. *Petit X*, 19, p. 5-27.

Van Amerom, B. A. (2003). Focusing on informal strategies when linking arithmetic to early algebra. *Educational Studies in Mathematics,* 54, p. 63–75.

Vergnaud, G. (1991). La théorie des champs conceptuels. *Recherches en didactique des mathématiques*, Vol. 10.2-3, p. 133-170.

Vergnaud, G. (1981). *L'enfant, la mathématique et la réalité*, Berne, Peter Lang.

Vorderman, C. (2012). Dictionnaire visuel de mathématique. Saint-Laurent : ERPI. 256 pages.

Annexes

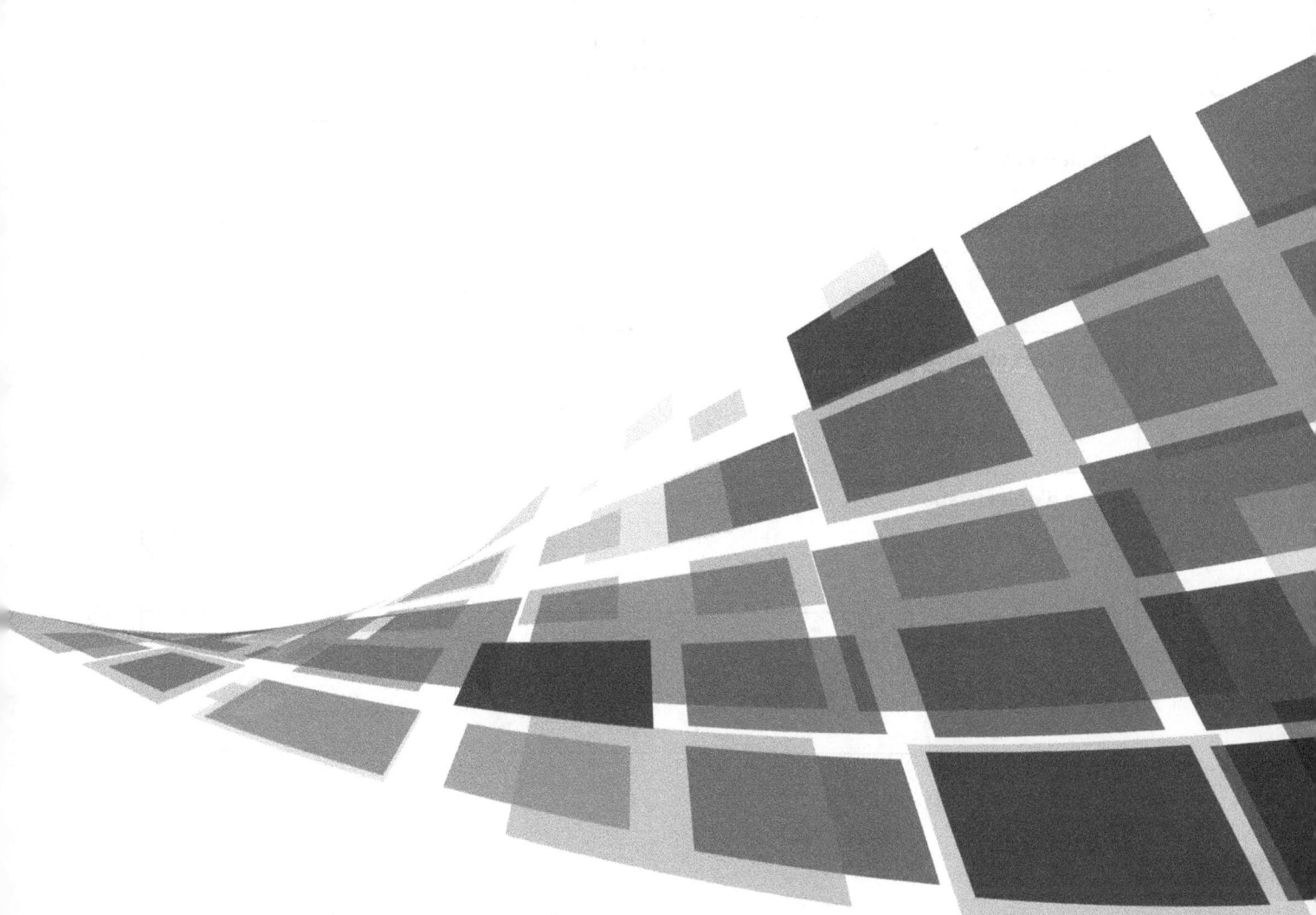

Annexe 1 : Canevas pour la planification des activités

Titre : Activité X : (type d'activité)

Tableau descriptif

Attention :
Objectifs
•
Intentions de l'enseignant
•
Connaissances préalables de l'élève
•
Temps à prévoir pour la ou les activités
•
Mode de fonctionnement et matériel requis
•
Propos d'enseignants ayant expérimenté l'activité
•

Déroulement de l'activité X

Phase de préparation
Phase de réalisation
Phase d'objectivation
Pistes de réinvestissement

Annexe 2 : Tableau de numération

Unités		
Dizaines		
Centaines		
Unités de mille		

Annexe 3 : Outils de manipulation (photos et précisions sur leur utilité)

Matériel

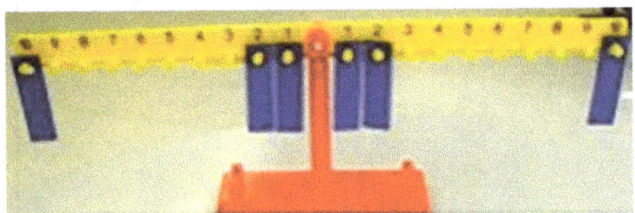

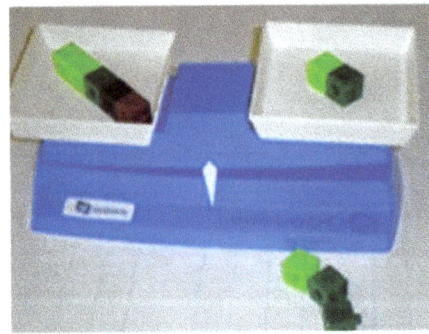

www.ingramcontent.com/pod-product-compliance
Lightning Source LLC
Chambersburg PA
CBHW080226170426
43192CB00015B/2761